Eberhard Mühlan
KINDER IN DER ZERREISSPROBE

Eberhard Mühlan

Kinder in der Zerreißprobe

Verlag Schulte + Gerth, Asslar

Best.-Nr. 15383
ISBN 3-87739-383-7
1. Auflage 1985
2. Auflage 1986
Umschlaggestaltung und Grafiken: Herybert Kassühlke
Satz: Typostudio Rücker & Schmidt
Druck und Verarbeitung: Mohndruck, Gütersloh
Printed in Germany

Inhalt

Vorwort

Endlich wieder Zeit zum Ausreiten. Im gestreckten Galopp jagen wir durch die verschneite Landschaft. Vorneweg unser Norwegerpony Gipsy, dicht gefolgt von Bimbo, dem Isländer. In einigem Abstand folgt Bruno, unser Shetlandpony, das mit seinen kurzen Beinen Mühe hat, das Tempo mitzuhalten.

Im Wald ist es still; der Schnee dämpft den sonst so lauten Hufschlag. Nur das Schnauben der Pferde und die anfeuernden Rufe der Kinder hinter mir sind zu hören. Aus den Nüstern der Pferde steigt heißer Atem wie Wolken einer alten Dampflokomotive in die kalte Luft. Ich genieße es, mich in die Bewegungen des Pferdes einzufühlen und allem Termindruck entronnen zu sein. In solchen Situationen kann ich gut meinen Gedanken nachhängen.

Schnell haben wir den Rand des lichten Buchenwaldes erreicht und springen von den Pferden. Der würzige Geruch von Pferdeschweiß schlägt mir in die Nase und vervollständigt das romantische Bild. Wie doch eine Schneedecke eine Landschaft verändern kann! Dort, wo vorher Unordnung gewesen ist, gedankenlose Menschen ihren Hausmüll am Waldrand deponiert haben, herrscht jetzt Harmonie und Frieden. Die untergehende Sonne läßt die Milliarden von Schneekristallen funkeln wie Diamanten.

Verträumt schaue ich in die Schneelandschaft. Nico, mein Sohn, plaudert von den Erfahrungen der letzten Tage; sein Mund steht eigentlich nie still, und ich ertappe mich dabei, daß ich ihm gar nicht zuhöre. Meine Gedanken sind ganz woanders.

Ich denke an den Unrat, der unter der glitzernden, makellos weißen Schneedecke liegt. Die Idylle trügt. Die Welt um mich herum scheint harmonisch und in Ordnung; aber bald wird der Schnee schmelzen und der ganze Dreck sichtbar werden. Die Realität läßt sich nicht so leicht übertünchen.

Sind wir nicht auch Künstler im Verdrängen? Wir sehen drohende Gefahren. Trotzdem wollen wir sie nicht wahrhaben und versuchen, das Chaos mit einem „Zukkerguß" zu überdecken.

Mir schwirren Pressemeldungen durch den Kopf, zum Beispiel diese: „Das Bild von einer glücklichen Kindheit ist eine Illusion." Mehr als die Hälfte aller Kinder und Jugendlichen schätzen ihre Zukunft düster ein. Teilweise stecken sie in Todesfurcht, hat eine Umfrage festgestellt. Bedrohungen durch Arbeitslosigkeit, Umweltverschmutzung, Gewalttätigkeit und Atomkrieg lähmen ihre Lebensfreude.

Da basteln Eltern fleißig an ihrem Wohlstand und meinen, doch alles für die Zukunft der Kinder getan zu haben, während ihre Heranwachsenden keinen Sinn mehr im Leben sehen können und sich in Gammeln oder Extremismus, in Alkohol, Drogen und Sex flüchten.

Verlassene und verstoßene Kinder emanzipationssüchtiger Eltern brüten depressiv vor sich hin. Selbstmord ist schon lange nicht mehr nur der „Ausweg" der Erwachsenen. Es ist erschreckend, wie die Selbstmordrate unter Kindern zunimmt.

Oder sie schlagen ins Gegenteil um: In Horden ziehen Teenager durch die Straßen und packen sich, was oder wer ihnen nur zwischen die Finger kommt. Abgestumpft durch den Konsum grausamer Videostreifen geht hier ein hilfloser Rentner zu Boden, muß da ein Teenager seine Zähne lassen oder wird eine Frau gemeinsam vergewaltigt. Was soll's, so sehen sie es doch nahezu jeden Tag in der Flimmerkiste.

Es brodelt unter der Oberfläche unserer Wohlstandsgesellschaft. Familiäre Vernachlässigungen und ideologische Beeinflussungen fordern ihren Tribut. Eltern verstehen ihre Kinder nicht mehr, und Kinder lehnen sich gegen die Eltern auf. Die „Schneedecke", die über lange Zeit allen Dreck zugedeckt hat, schmilzt. Was wird in den nächsten Jahren noch alles zutage treten?

Ich schaue hinüber zu Nico, der gerade 13 Jahre alt ist, und frage mich, wie er wohl in dieser immer schwerer werdenden Zeit sein Leben bewältigen wird. Wie kann ich ihm und seinen Geschwistern helfen, ihren Weg inmitten vielfältiger ideologischer Bedrohungen und falscher Lebenskonzepte zu finden?

„Papa, können wir nicht weiterreiten? Meine Füße werden kalt." Nico reißt mich aus meinen trüben Gedanken. Lächelnd nicke ich ihm zu. Die Sonne ist inzwischen ein gehöriges Stück tiefer gesunken. Eine fahle Dämmerung breitet sich aus und legt sich wie ein kalter Mantel über uns.

Immer noch nachdenklich reite ich nach Hause. Wo liegen die Gefahren, die die Seelen meiner Kinder bedrohen? Wie habe ich sie zu informieren, wovor zu warnen? Was kann ich ihnen erlauben? Was muß ich ihnen verbieten? Schließlich möchte ich doch das Beste für sie! Mein innigster Wunsch ist, daß sie Jesus genauso zum Mittelpunkt ihres Lebens wählen, wie meine Frau und ich es getan haben.

Aus diesen notvollen Gedanken ist die Idee für dieses Buch geboren. Ich schreibe es aus der Betroffenheit und Verantwortung eines Vaters von elf Kindern. Es soll ein praktisches Buch werden! Zum Experimentieren bleibt wenig Zeit übrig. Wollen wir unsere Kinder erfolgreich auf die nächsten Jahre vorbereiten, brauchen wir Ratschläge, die halten, was sie versprechen. Unsere Kinder erwartet garantiert ein schwereres Erbe, als wir es damals angetreten haben. Die Erziehung der jetzigen Kindergeneration heißt Vorbereitung auf das Jahr 2000, aber auch

Erziehung inmitten der anti-christlichen Bedrohungen der Endzeit.

In den letzten Jahren habe ich erkannt, daß man Familie nicht nur nebenbei bauen kann. Sie wird von vielen Seiten bedroht und angegriffen. Wollen Sie in Zukunft heile Familie bauen, dann muß sie einen entsprechenden Platz in Ihrem Denken und Handeln bekommen.

Liebe Eltern, lassen Sie sich dies sagen: Nur wenn die eigene Ehe und Familie gesund sind, werden unsere anderen Aktivitäten dauernde Früchte tragen. Dann kann auch unsere Gesellschaft bestehen; denn eine intakte Familie ist nun einmal die Keimzelle der Gesellschaft.

Der Griff nach der Seele unserer Kinder

Kinder kommen mit Ausdrücken, Ansichten und Haltungen nach Hause, von denen Eltern meinen, sie kämen aus einer anderen, bösen Welt.

„Find' ich irre. Das ist ja astspitze. Affengeil. Ich habe keinen Bock auf nichts. Blöde Penne. Haben wir Randale gemacht."

Die alten Herrschaften schauen sich irritiert und ratlos an. „Also, von mir hat er das nicht", verteidigt sich Vater vor dem vorwurfsvollen Blick seiner Frau.

„Wo kann er das nur herhaben?" rätseln die beiden vor sich hin.

Dabei sind dies noch die harmlosesten Redewendungen. Manche Modeworte können Eltern schon gar nicht mehr deuten, andere drücken eine nahezu unglaublich gesellschafts- und lebensverachtende Haltung aus. Der Hang zur Obszönität und Fäkaliensprache ist unverkennbar.

Die heimlichen Miterzieher

Kaum sind die Kleinen flügge geworden und machen ihre ersten Ausflüge in die Nachbarschaft, schon sind andere zur Stelle und greifen den Eltern bei der Erziehung unter die Arme: der ewig fluchende Nachbar, die ständig alkoholisierte Untermieterin oder die rotzfrechen Gören von gegenüber.

Dann steht der bis dahin so behütete „Spatz" mit weitaufgerissenen Augen und Ohren da und lernt nie gehörte Lektionen. Aber das ist nur der harmlose Anfang seiner

Lebensschule. Kindergarten, Spielkreis, Schule, Sportverein, Klassenkameraden, Freunde, Zeitschriften, Schallplatten, Fernsehen, Kino, Werbung – sie alle nehmen sich das Recht, Ihrem Kind Werte und Normen mitzugeben.

Manche Eltern fragen sich verstört, wer eigentlich ihre Kinder mehr erzieht und beeinflußt, das Elternhaus oder all die anderen.

Nun, einige dieser Einflüsse sind mehr oder weniger harmlos. Andere tragen aber dazu bei, die Psyche der Kinder zu formen.

Da versucht eine raffiniert ausgeklügelte Werbepsychologie, den Kapitalmarkt „Kinder und Teens" auszubauen, und macht sie zu Modepuppen und Konsumtrotteln. Ideologien versuchen, ihre Seelen zu rauben: Jugendsekten fangen die vernachlässigten religiösen Bedürfnisse auf, emanzipierte Pädagogen schulen Kinder zum Klassenkampf (der natürlich im Elternhaus beginnt), gewisse Massenmedien führen sie in die „sexuelle Befreiung" ein. Die gesamte, sündige Erwachsenenwelt, früher noch vor den Augen von Kindern verschlossen, liegt ihnen zu Füßen: Pornographie, Gewalt, Korruption, Okkultismus, Rauschmittel.

Genauso wie wir von einem Angriff auf die Ehe (1) sprechen können, beobachten wir einen zunehmenden Kampf gegen die Familie und den Griff nach unseren Kindern.

Zu viele Eltern haben diesen Angriff noch nicht bemerkt, oder sie verharmlosen ihn, weil sie sich in der Beschaulichkeit ihrer Erwachsenenwelt nicht stören lassen wollen.

Manchen Eltern fallen die Schuppen erst viel zu spät von den Augen. Zu lange haben sie geträumt, und jetzt steht ihr Teenager herausfordernd vor ihnen und will sich nichts mehr sagen lassen. Er schreit, schimpft und rebelliert. Ein unerklärlicher Haß gegen jede Autorität schlägt den Eltern entgegen.

Dies ist eine bittere Frucht, die aus der gezielten ideologischen Beeinflussung unserer Kinder und aus mangelnder familiärer Geborgenheit und Erziehung resultiert.

Kontrollieren Sie nur einmal eine Woche lang, wie viele Stunden Sie mit Ihrer Familie verbringen; die Zeit, die Sie mit den Kindern scherzen, sprechen, lesen, beten, spielen oder herumtollen. Für manch einen mag sich eine erschreckende Bilanz ergeben. Wie wenige Stunden kommen da zusammen? Und in der übrigen Zeit versuchen sich andere an Ihren Kindern.

Ich werde in diesem Buch die Alltagswelt der Kinder durchleuchten und die verschiedenen Einflußbereiche aufzeigen.

Sie als Eltern sollten sich beim Lesen ständig fragen: in welchem der genannten Einflußbereiche befindet sich mein Kind? Wo sollte ich als Mutter bzw. als Vater besonders wachsam sein? Gibt es Dinge, die ich strikt untersagen muß? Und in welchen Situationen sollte ich mein Kind bestätigen und ermutigen?

Es ist ein Trugschluß zu meinen, Kinder würden unbeschwert und von außen unbeeinflußt heranwachsen. Täglich werden sie mit Eindrücken bombardiert, die sich zum Teil traumatisch auswirken. Wie sie diese verarbeiten bzw. abwehren, hängt mit von Ihnen, liebe Eltern, ab: von Ihrem Einfühlungsvermögen, Ihrer Gesprächsbereitschaft und Vorausinformation, Ihren Anregungen, aber auch Verboten, die sie zum Schutz der Kinder aussprechen.

Eltern können ihre Kinder nicht vor allen Herausforderungen bewahren. Sie müssen auch ihre eigenen, eventuell bitteren Erfahrungen sammeln, um zu reifen. Andererseits ist es unverantwortlich, sie unvorbereitet und schutzlos auf das „Kampffeld Gesellschaft“ loszulassen. Ein sicheres Fingerspitzengefühl für Freiheit und Lenkung zu entwickeln, ist eine der schwierigsten Aufgaben für Eltern heranwachsender Kinder.

Nach meiner Erfahrung sind die Kinder im Alltag folgenden Einflüssen ausgesetzt, die sowohl positiver wie auch negativer Art sein können. Diese Einflüsse zu beobachten, zu registrieren und gegebenenfalls auf sie zu reagieren ist Aufgabe der Eltern.

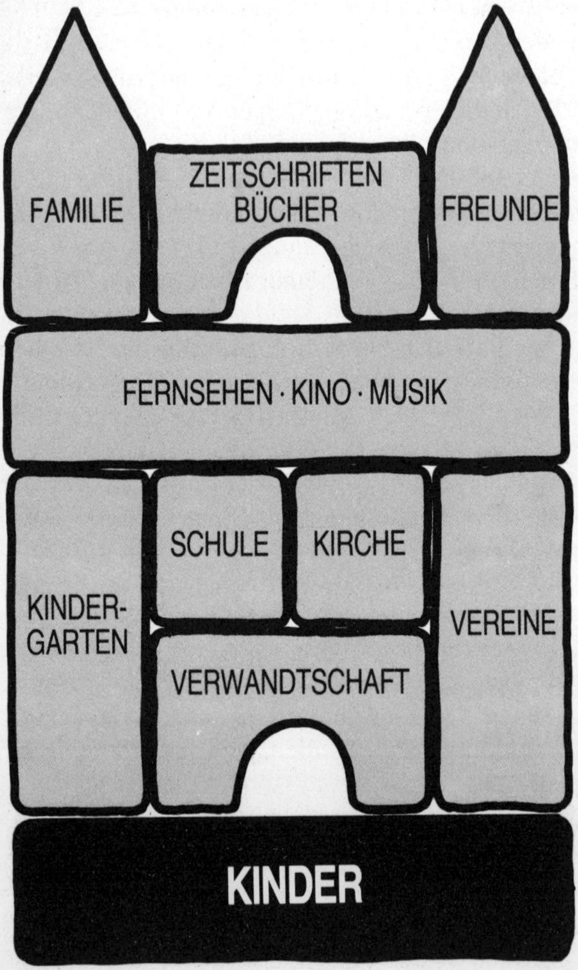

Geborgenheit in der Familie?

Die Familie als ein Hort der Geborgenheit – das war einmal! Welcher Teenager wird künftig noch auf eine glückliche Kindheit zurückschauen können?

In den letzten zwei Jahrzehnten haben sich so einschneidende, gesellschaftliche Veränderungen ereignet, daß Psychologen und Soziologen von einer regelrechten „Kulturrevolution" sprechen.

Ein „neue Denken" greift um sich und betrifft insbesondere die Haltung zu Ehe, Familie und Kindern. Wir beobachten eine zunehmende Auflösung von Ehen und Familien, verbunden mit einer zunehmenden Ablehnung von Kindern.

Vance Packard, ein Soziologe, schreibt, daß die radikalen Veränderungen in Struktur und Funktion der Familie vor allem drei gesellschaftliche Bereiche betreffen:

„1. Es hat sich – mehr oder weniger ungewollt – ein kinderfeindliches Klima entwickelt, so daß Kinder sich außerhalb des familiären Zuhauses einer kalten, abweisenden Welt gegenübersehen.

2. Es ist uns nicht gelungen, eines der einschneidendsten Phänomene dieses Jahrhunderts in den Griff zu bekommen: die Emanzipation der (verheirateten) Frau und Mutter, verbunden mit außerhäuslicher Berufstätigkeit.

3. Wir haben gerade erst begonnen, die Aus- und Nachwirkungen der sprunghaft gestiegenen Zahl der Scheidungen auf die Millionen betroffener Kinder zu erkennen." (2)

Abgelehnte Kinder

Ständig sinkende Geburtenzahlen

Das offensichtlichste Zeichen der Ablehnung von Kindern ist wohl die ständig sinkende Geburtenzahl in der Bundesrepublik.

Kinder zu haben, ist heute keineswegs mehr der Wunschtraum junger Leute. Es ist inzwischen zu einer Art Mutprobe geworden. Für die meisten gilt die Lebensphilosophie: erst Konsum und dann Kinder.

Tatsache ist, daß genau die Hälfte aller bundesdeutschen Ehepaare kein Kind hat, das sind 11,8 Millionen Ehen. Während noch um 1900, statistisch gesehen, vier Kinder pro Ehe geboren wurden, sind es heute nur noch 1,3. Der Trend geht zur Ein-Kind-Familie. (3)

Die Gründe für diese Entwicklung sind vielfältig:

- neue, sichere Methoden der Empfängnisverhütung
- wachsende Berufstätigkeit der Frauen
- der Egoismus junger Ehepaare
- die finanzielle Benachteiligung gegenüber kinderlosen Paaren
- eine verfehlte Familienpolitik
- zunehmend beengte Wohnverhältnisse
- eine grassierende Zukunftsangst
- Ideologien wie Feminismus und Neomarxismus mit ihrer ablehnenden Haltung gegenüber der traditionellen Familie

Ganz allgemein wird das Kind als Hemmschuh für die eigene Karriere gesehen. Es ist eine wirtschaftliche Belastung und Störenfried des partnerschaftlichen Glücks. Ein Kind läßt sich nicht mit der „Selbstverwirklichung" – der egozentrischen Nabelschau, die seit über einem Jahrzehnt Hochkonjuktur hat – in Einklang bringen.

Unter dieser Mentalität haben die Kleinen (und ihre tapferen Eltern) kräftig zu leiden. An vielen Orten sind sie fehl am Platz; man fürchtet die Beschädigung des Eigentums oder einfach nur Lärmbelästigung. Schilder wie „Ballspielen verboten" oder „Kinder unerwünscht" legen davon stumm Zeugnis ab. Wenn eine Familie mit zwei oder drei Kindern auf Wohnungssuche geht, schlagen manche Vermietertüren schnell wieder zu; Kinder bringen zu viel Unruhe und Ärger in einen Wohnblock.

Deutschland ist nicht nur das kinderärmste, sondern auch das kinderfeindlichste Land der Welt.

Eltern ohne Beherrschung

Kinder müssen immer häufiger mit Eltern aufwachsen, die selbst nie ein harmonisches Familienleben kennengelernt haben und mit ihren eigenen Problemen kaum fertig werden.

Die Fälle echter Kindesmißhandlung, in denen ein Elternteil in einem Anfall von Jähzorn die Kontrolle über sich verliert und hemmungslos auf das Kind eindrischt, nehmen offensichtlich zu.

„Der Kinderschutzbund gab bekannt, daß die Zahlen in den vergangenen drei Jahren kontinuierlich gestiegen sind. Besonders gefährdet sind Kleinkinder im Alter bis zu drei Jahren. Sie sind die ‚greifbaren Opfer' in familiären Konfliktsituationen. Danach fällt die Kurve, um im ersten und zweiten Schuljahr wieder anzusteigen, weil das Kind durch geminderte Leistung jetzt zum Konfliktauslöser werden kann. Die dritte Phase der Mißhandlungen setzt dann mit Beginn der Pubertät ein" (Die Welt, 19. 2. 85).

Nach einer Untersuchung werden „jährlich etwa 30 000 Fälle schwerer Kindesmißhandlung registriert; dazu kommen 11000 Fälle von sexuellem Mißbrauch. Doch die Dunkelziffer liegt um ein Vielfaches höher. Auf 400000 pro Jahr schätzen Experten die Fälle von körperlicher Gewalt gegen Kinder und Verwahrlosung. Mehrere hundert Kinder werden jährlich zu Tode geprügelt. Noch immer sterben mehr Kinder durch Mißhandlungen als durch Krankheiten" (Welt am Sonntag, 13. 1. 84).

Es ist schrecklich, wie Kinder als Blitzableiter und Sündenbock für unfähige oder überforderte Erwachsene herhalten müssen. Da ist der psychische und finanzielle Druck durch Arbeitslosigkeit und beengte Wohnverhältnisse, aber auch die allgemeine Zunahme von Unbeherrschtheit. Häufig ist Alkohol mit im Spiel.

Aber letztlich ist es nicht nur ein deutsches Problem. Eine internationale Untersuchung, bei der innerhalb von drei Jahren Personen in fünfundzwanzig meist europäischen Ländern befragt wurden, kam 1979 zu dem Ergebnis, daß der Trend zur Gewalttätigkeit gegen Kinder weltweit wächst. (4)

Mord im Mutterleib

So grausam Ihnen die Kindesmißhandlungen vorkommen mögen, die Verachtung kindlichen Lebens findet in der Abtreibungswelle ihren absoluten Höhepunkt.

Mit zunehmendem Erfolg wird Müttern eingeredet, es handele sich bei einer Abtreibung lediglich um die Entfernung eines „Schwangerschaftgewebes" oder eines „Zellklumpens". Die medizinischen und psychischen Folgeschäden werden verschwiegen. Man könnte meinen, es ginge nur darum, eine häßliche Warze vom Körper zu entfernen.

Die Zahl der Abtreibungen hat derart zugenommen, daß Ärzte den Eindruck gewinnen, sie seien zu einer neuen Form der Geburtenkontrolle geworden.

„Es klingt nahezu schizophren: in einem der reichsten Länder der Welt, wie in der Bundesrepublik, werden rund 90% aller Schwangerschaftsabbrüche mit der ‚Notlagenindikation' begründet. Man sagt, der Mutter kann die Geburt nicht zugemutet werden, weil diese erhebliche soziale Nachteile mit sich bringen würde. Eine Untersuchung der Mannheimer Universitätsklinik brachte zutage, daß sich dahinter häufig Gründe verbargen wie: eine Urlaubsreise könne nicht abgesagt, ein Hausbau nicht verschoben, eine Ausbildung nicht abgebrochen werden." (5)

Nach Aussagen von Walter Ramm, dem Vorsitzenden der „Bewegung für das Leben", wird jedes zweite Baby in der Bundesrepublik abgetrieben. Er befürchtet, die tatsächliche Zahl der Abtreibungen sei fast zehnmal höher als die dem Statistischen Bundesamt gemeldete. Dies würde bedeuten, daß in der Bundesrepublik pro Jahr etwa 1 Million Kinder schon im Mutterleib getötet würden. (6)

Das sind nahezu unglaubliche Angaben. Eine geschickte Propaganda vertuscht, daß Abtreibung nichts anderes ist als grausamer Mord. Dr. Nathanson war zehn Jahre lang der berühmteste Abtreibungsarzt der Welt. In seiner New Yorker Klinik wurden von seinen 35 Ärzten über 100 000 Abtreibungen vorgenommen. „Ich habe mit eigenen Händen 5 000mal abgetrieben", sagt Nathanson heute. „Ich tue es nie wieder!"

Der Grund seines radikalen Sinneswandel war ein Film, den er während einer Abtreibung drehen ließ. Die Kamerasonde im Mutterleib zeigte mit Hilfe modernster technischer Hilfsmittel, was Ärzte sonst nie zu sehen bekommen: das Baby weicht vor dem Abtreibungsinstrument zurück, strampelt, schlägt mit den Ärmchen um sich und öffnet den Mund zu einem stummen Schrei, während es angegriffen und zerstückelt wird.

Einsame Kinder

Die berufstätige Mutter

Während noch zu meiner Kindheit allgemein die Nase gerümpft wurde, wenn eine Mutter arbeiten gehen mußte, weil das Gehalt des Ehemannes nicht ausreichte, belächelt man heute solche Frauen, die tatsächlich noch in Kindern und Küche ihre Lebenserfüllung finden.

Welch ein Sinneswandel! Dabei ist der Grund für die Berufstätigkeit der heutigen Mutter keineswegs nur in der materiellen Bedürftigkeit zu suchen. Ausschlaggebend ist vor allem der Wunsch, zu Hause nicht zu „versauern".

Es gehört für eine Frau schon eine gehörige Portion Mut und Selbstbewußtsein dazu, angesichts der Emanzipationsbestrebungen überzeugend darzustellen, warum sie allein für Mann und Kinder da sein will.

Dabei liegt die Wichtigkeit einer innigen familiären Beziehung auf der Hand. Das persönliche Wohl, die Ehe, die Zuwendung zu den Kindern, alle Beziehungen in der Familie leiden, wenn Hektik, Streß und Zeitmangel einziehen.

Zigtausende von Kindern werden morgens schnell zu Großeltern, Tagesmüttern oder in Kindergärten gebracht. Schulkinder sitzen einsam am Frühstückstisch und brutzeln sich ihr Mittagessen allein. Sie haben sich daran gewöhnt, die meiste Zeit des Tages ohne Eltern in der Wohnung zu verbringen. Oftmals ist der Fernseher der einzige Beistand, der menschliche Stimmen ins Haus trägt. Die Schularbeiten müssen sie ohne Hilfe bewältigen und abends nicht nur mit einem müden und abgespannten Vater rechnen, sondern auch mit einer Mutter, die kaum Zeit für sie hat. Da müssen Einkäufe gemacht, die liegengebliebene Hausarbeit muß erledigt werden – es bleibt kein Raum für Gespräche und Familienaktivitäten. Die Kasse stimmt zwar, aber die Kinder vereinsamen.

Welche Jahre sind die wichtigsten?

Meiner Ansicht nach sind liebevolle Familienbindungen während der ganzen Kindheit wichtig. Dabei kommt aber den ersten Lebensjahren eine besondere Bedeutung zu. Deswegen verstehe ich nicht, weshalb Tausende von Müttern ausgerechnet ihrem dreijährigen Kind den Entzug durch erneute Berufstätigkeit zutrauen. Mit drei Jahren beginnt für die meisten Kinder der Eintritt in den staatlichen Erziehungsapparat, sprich Kindergarten.

Diese Mütter gehen von der Einstellung aus, daß nach den ersten drei Jahren das Wichtigste geschafft sei und sie jetzt wieder ihren beruflichen Interessen nachgehen könnten.

Dahinter steht zum Teil eine falsche tiefenpsychologische Erklärung über die Entwicklung des Kindes, nämlich die, daß ein Mensch in den ersten ein bis zwei Jahren in seiner Persönlichkeit festgelegt werde. Ist das erst einmal geschafft, sei elterliche Betreuung nicht mehr so wichtig. Andererseits ist diese Haltung das Ergebnis der Pädagogik der „neuen Linken". Sie fordert, Kinder so früh wie möglich sogenannten „familienergänzenden Einrichtungen" zuzuführen. Über den Appell an den Egoismus der Mütter und das Angebot, ihnen die schwere Arbeit der Kindererziehung abzunehmen, bemühen sie sich gezielt, die Bindung des Kindes an seine Eltern soweit wie möglich abzubauen.

Aber gerade die Zeit zwischen dem dritten und fünften Lebensjahr wird von manchen Erziehungsexperten für eine Phase gehalten, in der das Kind auf Veränderungen des Status quo besonders empfindlich reagiert und es am liebsten sieht, wenn alles beim alten bleibt – bis hin zur Wohnungseinrichtung. Eltern sollten darum jede geplante Änderung der Lebensumstände besonders gründlich durchdenken. Das trifft insbesondere auf einen Wohnungswechsel, die Berufstätigkeit der Mutter und Scheidungsabsichten zu.

Über die Bedeutsamkeit der ersten Lebensmonate sind sich wohl die Psychologen aller Schattierungen einig: wenn ein Baby ein Geborgenheitsgefühl und eine vertrauensvolle Grundstimmung entwickeln soll, muß es ausgiebig liebkost und gehätschelt werden. Das Neugeborene blüht in dem Maße auf, in dem es Zuwendung erfährt. Kinder, die die notwendigen Streicheleinheiten von einer oder mehreren ihnen vertrauten Personen bekommen, gewinnen dadurch für ihre Entwicklung einen offenbar uneinholbaren Startvorsprung gegenüber vernachlässigten Kindern.

Um so bedenklicher ist die zunehmende Inanspruchnahme von Kinderkrippen durch berufstätige Eltern. „Schon 26 000 Kleinkinder zwischen null und drei Jahren verbringen in der Bundesrepublik ihren Tag in Kinderkrippen ohne die Eltern." Für Berlin, zum Beispiel, fordert das Referat Kindertagesstätten, „es müßten Plätze für mindestens ein Drittel der Kinder der Mütter mit Kindern unter drei Jahren bereitgehalten werden, weil im Bundesdurchschnitt ein Drittel der Mütter mit Kindern unter drei Jahren berufstätig ist" (Welt am Sonntag, 21. 4. 85).

„Die leidenschaftlichste Warnung vor einer Vernachlässigung der Kontaktbedürfnisse unserer Säuglinge und Kleinkinder hat Selma Fraiberg von der University of Michigan formuliert. Sie spricht geradezu von ‚Beziehungsmangel-Erkrankungen', die sich im Laufe der ersten achtzehn Lebensmonate entwickeln können. Das diesen Erkrankungen gemeinsame Charakteristikum sei, so meint sie, ‚die Unfähigkeit der betreffenden Person, menschliche Bindungen einzugehen… Wenn aber menschliche Bindungen fehlen, kann sich kein Gewissen bilden, ja, es entwickeln sich nicht einmal die Fähigkeiten der Selbstbeobachtung und der Selbstkritik.' Im schlimmsten Falle hinterlassen diese Bindungsmangel-Erkrankungen beziehungsunfähige Menschen – ‚eine der größten Problemgruppen in der Welt von heute.' … Diese ‚kaputten Typen' sind in ihrer Fähigkeit, Arbeits- und Freundschaftsbeziehungen einzugehen, eine Ehe zu führen und Kinder aufzuziehen, mehr oder weniger stark beeinträchtigt." (7)

Wenn es überhaupt eine Zeit gibt, zu der eine Mutter mit gutem Gewissen außer Haus sein kann, dann vielleicht bei Kindern zwischen sechs bis zwölf Jahren während der sogenannten kindlichen Latenzzeit. Eine vormittägliche Halbtagsstelle ist dann sicher vertretbar und verhindert, daß das Kind mittags eine leere Wohnung vorfindet.

Mit Eintritt in die Pubertät sollte die Mutter wieder voll präsent sein, um ihren Teenagern auf dem Weg in die Erwachsenenwelt beistehen zu können.

Ist die Mutter durch nichts zu ersetzen?

Kann denn nun die Mutter überhaupt nicht ersetzt werden? Wie wäre es mit dem Vater? Manche Familien können vorübergehend nicht anders, weil nur die Frau eine Arbeitsstelle gefunden hat.

Ein Säugling wird wohl, abgesehen davon, daß der Vater nicht stillen kann, auf beide gleich ansprechen. Die Frage ist nur, ob ein Mann über längere Zeit ebenso auf ein kleines Kind anspricht wie eine Frau. Beobachtungen haben ergeben, daß Mütter infolge ihres speziellen Hormonhaushaltes und dank der Erfahrung monatelanger körperlicher Einheit mit dem heranwachsenden Fetus die von Natur aus besseren Babyversorger sind.

Auch wenn es sicherlich eine ganze Reihe ausgezeichneter „mütterlicher" Väter gibt, muß an der übrigen Männerwelt sicherlich noch sehr viel Kulturarbeit geleistet werden, bis auch diese freudig die tägliche Pflicht der Kinderpflege auf sich nehmen, während die Frau arbeitet.

Wie Vance Packard schon ausführte, ist es unserer Gesellschaft nicht gelungen, die Emanzipation der verheirateten Frau in den Griff zu bekommen.

Die Gleichberechtigung der Frau ist ein wichtiges Ziel, darf sich aber nicht in der Hochstilisierung der berufstätigen Frau und in der Diskriminierung der Hausfrau und Mutter erschöpfen. Die arrogante Herabsetzung der im Hause arbeitenden Familienmutter als Heimchen und

KKK-Dummerchen (Küche, Kind, Kirche) hat Unheil genug angerichtet.

Frauen muß wieder die richtige Anerkennung für den „Hauptberuf Mutter“ gewährt werden. Immer noch ist es so, daß eine Mutter, die ihre Kinder auf den richtigen Lebensweg bringt, eine größere Lebensleistung vorweisen kann als beispielsweise so manche Sekretärin, die ihrem Chef Kaffee kocht, während ihre Kinder zu Hause die Zeit totschlagen.

Verstoßene Kinder

Die Scheidungswelle rollt

Die rund 300 000 elternlosen Kinder und Jugendlichen in der Bundesrepublik sind eine der größten Herausforderungen unserer Zeit. Jedes Jahr kommen Tausende von „Scheidungswaisen“ dazu. Die Aus- und Nachwirkungen der elterlichen Trennung auf die betroffenen Kinder beginnt man erst jetzt zu ahnen.

Seit 1977 – dem Jahr des neuen „Gesetzes zur Reform des Ehe- und Familienrechts“ – sind die Scheidungszahlen sprunghaft angestiegen, und eine Wende ist nicht abzusehen. Die Statistiken machen deutlich, daß zur Zeit jede zweite Ehe gefährdet ist und fast jede dritte wieder geschieden wird. Berücksichtigen wir noch die statistisch nicht erfaßten Trennungen, dann gibt es mehr kaputte und zerbrochene Ehen und Familien als heile.

Die Welt am Sonntag vom 13. 5. 84 schreibt: „Im Jahre 1982 – dem letzten, das die Statistiker schon vollständig erfaßt haben – wurde ein neuer Scheidungsrekord aufgestellt. 118 483 Ehen wurden getrennt. Und die Tendenz setzt sich fort: allein in Baden-Württemberg stieg die Zahl der Ehescheidungen 1983 noch einmal um 6,1 Prozent. Die Psychologen Fuchs, Gaspari und Millendorfer haben in einer Untersuchung diesen Trend hochgerechnet: bis zum Ende dieses Jahrhunderts werden 85 Prozent aller Ehen mit der Scheidung enden."

Wie sollen die Kinder das verkraften?

Da stehen uns in knapp fünfzehn Jahren absolut keine rosigen Zeiten ins Haus. Ganz abgesehen von dem Leid, das sich die Erwachsenen gegenseitig zufügen, stellt sich die Frage, wie die betroffenen Kinder das alles verkraften sollen.

„In den siebziger Jahren, als die Scheidungsrate hochschnellte, bestand eine Zeitlang die Neigung, die Dinge optimistisch zu betrachten und vor allem die Widerstands- und Anpassungsfähigkeit von Kindern hervorzuheben. Sich scheiden zu lassen wurde zum festen Bestandteil des neuen Lebensstils. Der Kinderpsychologe Michael Lamb von der University of Wisconsin erklärte damals: ‚Eine Scheidung muß nicht zwangsläufig negative Folgen für die Kinder haben.'

In jüngerer Zeit ist eine Reihe von Experten zu einer weniger rosigen Sicht der Dinge gelangt. Im Mittelpunkt ihrer Bedenken steht nicht so sehr die Möglichkeit, daß Kinder im Zuge einer Scheidung ihrer Eltern Entwicklungsrückschläge erleiden und langfristig psychische Störungen entwickeln – bei manchen ist dies der Fall, bei vielen anderen nicht –, ihre Sorge gilt vielmehr der emotionalen Einstellung, die womöglich das ganze weitere Leben dieser Kinder bestimmt." (8)

Tatsache ist, daß der Vorgang der Trennung oder Scheidung der Eltern für die meisten Kinder ein traumatisches Ereignis ersten Ranges ist. Zunächst erahnen sie die unterschwelligen Spannungen, beobachten den emotionalen Rückzug der Partner voneinander, leiden unter eisigem Schweigen oder werden Opfer aggressiver Auseinandersetzungen.

Eine der häufigsten Reaktionen bei Kindern ist Panik. „Kleinere Kinder fühlen sich in der Regel von dem fortziehenden Elternteil im Stich gelassen (womit sie ja auch manchmal recht haben), und manche plagt auch die Angst, im Eifer des Gefechts könnten womöglich auf einmal beide Eltern fort sein. Ein achtjähriger Junge, dessen Vater vor einem Jahr die Familie verlassen hatte und an einen weit entfernten Ort gezogen war, machte seitdem nachts ins Bett und litt an immer wiederkehrenden Alpträumen. Er wachte heftig schreiend auf, klammerte sich an seine Mutter ... und fragte wieder und wieder: ‚Wenn du gehst, wer wird für mich sorgen?'" (9)

Andere Kinder entwickeln Schuldgefühle oder versinken in einen Zustand tiefen Kummers. Die häufigste Ursache für Depressionen bei Kindern ist heute die Scheidung.

Ob Kinder nun traurig oder zornig, mit Kummer oder Aufsässigkeit, mit Freßsucht oder Magersucht reagieren, all diese Verhaltensweisen zeigen, daß sie den Verlust eines Elternteils nicht so leicht verkraften, wie es sich Erwachsene mit ihrem lockeren, unverbindlichen Lebensstil wünschen.

Angst vor verbindlichen Beziehungen

Langjährige Beobachtungen von Experten an Kindern geschiedener Eltern haben gezeigt, daß bei einer Trennung nicht nur psychische Traumata eintreten, sondern auch gewisse Denk- und Verhaltensmuster entwickelt werden. Eines dieser Denkmuster ist die Ablehnung des Scheidungskindes, eine verbindliche Beziehung einzugehen.

„Wird die Scheidungswelle unserer Tage also zur Quelle einer weit größeren Flut an Scheidungen und Single-Existenzen von morgen? Gewiß nicht zwangsläufig, aber tendenziell, wie auch der New Yorker Kinderpsychiater R. A. Gardner, der in vielen Scheidungsprozessen, bei denen Kinder im Spiel waren, als Gutachter tätig war, befürchtet: Da Scheidungskinder diesen zusätzlichen Traumata und Belastungen ausgesetzt sind, überrascht es nicht, daß es ihnen nicht so gut ergeht wie denen, die in einer intakten, relativ stabilen und glücklichen Familie aufwachsen. Scheidungskinder setzen in der Regel weniger Vertrauen in menschliche Beziehungen und betrachten diese eher als instabil und unstet. Wenn sie älter sind, werden sie vielleicht den Gedanken an eine Ehe ganz und gar in den Wind schlagen, um sich davor zu bewahren, eine Bindung einzugehen, die in ihren Augen sowieso zum Scheitern verurteilt ist. Falls sie doch heiraten, kann es sein, daß sie sich von Anfang an in der Beziehung zum Ehepartner unsicher fühlen – daß sie von vornherein damit rechnen, zurückgewiesen und im Stich gelassen zu werden." (10)

Alleinerzieher auf dem Vormarsch

Die Hoffnung aller Geschiedenen ist, daß sich das Leben für sie und ihre Kinder bald normalisieren wird. Ob und wie schnell das zutrifft, hängt zum Großteil von der Vorbereitung des Kindes auf die Scheidung und von der Zuwendung und Liebe danach ab. Eine Glaubensbeziehung zu Jesus und das bewußte Hineinnehmen der Autorität Jesu in die unvollständige Familie wird sicherlich eher seelische Heilung bringen, als wenn weiterhin ein eigenwilliger, sündiger Lebensstil verfolgt wird.

Inzwischen haben wir in der Bundesrepublik schon mehr als 1,3 Millionen alleinstehende Frauen und Männer, die ihre Kinder ohne Lebenspartner aufziehen. Überall in der westlichen Welt steigt die Zahl der Alleinerzieher stetig. Dabei sind Frauen stärker betroffen als Männer.

Diese oftmals desillusionierten und seelisch verletzten Menschen haben eine doppelt schwierige Aufgabe: ihren eigenen Platz im Leben zu finden und darüber hinaus für die heranwachsenden Kinder zu sorgen. Da treiben die finanziellen Einbußen und die Kombination von Berufstätigkeit, Haushalt und Erziehung viele in eine totale Überforderung. Aufgrund der Arbeitsüberlastung haben sie weniger Zeit, Kontakte zu schließen, und müssen zusätzlich mit dem Problem der Einsamkeit und der Entfremdung fertig werden.

In diesem angespannten Zustand ist es nicht leicht, Mutter und Vater zugleich zu sein. So weisen Scheidungskinder auch noch Jahre nach der Scheidung eine merklich schlechtere psychische Verfassung auf. Bettnässen, ein Indikator für psychischen Streß, ist in Familien mit nur einem Elternteil offensichtlich ein überdurchschnittlich hartnäckiges Problem. Im Vergleich zu anderen Kindern neigen Scheidungskinder mehr zu Depressivität bzw. Aggressivität.

Bemerkenswert ist, daß Untersuchungen, die bei Scheidungskindern eine Häufung dieser Symptome festgestellt haben, dies nicht auch bei Kindern verwitweter Mütter (oder Väter) ergeben haben. Offensichtlich ist ein Todesfall in der Familie leichter zu verkraften als eine Trennung durch Scheidung.

Herausforderung an die Gemeinden

Die Alleinerzieher mit ihren Kindern stellen für die Gemeinden eine große seelsorgerliche Herausforderung dar. In den nächsten Jahren werden mehr und mehr Menschen mit zerbrochenen partnerschaftlichen Beziehungen in unseren Gemeinden Zuflucht suchen. Wir werden mit Teenagern, die vielleicht nie eine heile Familie erlebt haben, Gemeinde bauen müssen. Bei dem familienzerstörenden Trend unserer Zeit müssen Gemeinden vorbereitet und in der Lage sein, diese Menschen zu betreuen und ihnen den richtigen Weg in der Nachfolge zu zeigen.

Für Alleinerzieher reichen der sonntägliche Gottesdienst und dann vielleicht noch der Hauskreis oder die Bibelstunde (wenn der Besuch wegen der Kinder überhaupt möglich ist) nicht aus. Ideal wäre es, wenn jeder Alleinerzieher in seiner Gemeinde eine Patenfamilie finden könnte. Sie könnte bei all den praktischen Fragen zur Seite stehen, im Erzieherischen beraten und den Kindern einen „Ersatzvati“ bzw. eine „Ersatzmutti“ stellen. Das kostet einigen Einsatz, aber wir finden in der Bibel das Gebot, uns um die Witwen und Waisen zu kümmern, auch wenn es in diesem Fall Scheidungswitwen und -waisen sind.

Eine junge Gemeinde, in der sich eine ganze Reihe alleinstehender Mütter bekehrten, richtete einen Kindergarten ein, in dem die Kinder der Alleinerzieher betreut wurden und bald auch die der Gemeindemitglieder. Während des Vormittags arbeiten die Mütter, das Mittagessen nehmen sie gemeinsam mit ihren Kindern und anderen Gemeindemitarbeitern ein. So sind sie täglich in eine christliche Gemeinschaft eingebunden und verbringen nur noch den Nachmittag und Abend allein mit den Kindern.

Neues Familienglück in einer Zweitehe?

Selbst wenn Geschiedene wieder einen Lebenspartner finden, ist damit nicht automatisch ein neues Familienglück vorprogrammiert. Oftmals tauchen Probleme auf, die in der ersten Ehe gar nicht sichtbar wurden. Dazu bringen die Partner ihre Nöte und Gründe, an denen ihre erste Ehe scheiterte, mit in die neue Beziehung. Die Gewohnheiten und Untugenden der Vergangenheit müssen erst verarbeitet, das zukünftige Zusammenleben muß um so sorgsamer eingeübt werden.

In einer Stieffamilie kann das Zusammenleben – zumindest in der ersten Zeit – nicht so klappen wie in der Erstfamilie. Um eine gute Zweitfamilie zu bauen, braucht man mehr Einfallsreichtum, mehr Flexibilität und mehr Hingabe: die neuen Ehepartner müssen sich aufeinander einstellen. Die Kinder aus zwei verschiedenen Ehen müssen miteinander klarkommen. Der Mann muß die Kinder seiner neuen Ehefrau akzeptieren, und sie müssen ihn als neuen Vater annehmen. Gleiches gilt für die mütterliche Seite. Und dann kommen vielleicht noch weitere Kinder aus der neuen Ehe hinzu.

Für scheidungsgeschädigte Partner ist dies eine nahezu unlösbare Aufgabe, insbesondere für solche Menschen, die kein „neues Leben“ in Christus und Vergebung und Verarbeitung ihrer Vergangenheit durch Gott erfahren haben. Das zeigt sich auch daran, daß die Scheidungsrate bei Zweitehen mit rund fünfig Prozent noch höher liegt als bei Erstehen.

Geht es auch ohne Familie?

Kampf gegen Ehe und Familie

Die Zahl der Ehe- und Familienenttäuschten wird immer größer. Es nimmt deshalb nicht Wunder, daß Forderungen nach Alternativen für diese „überholte Form“ des Zusammenlebens immer mehr Gehör finden. Dies gilt besonders für Jugendliche, die selbst unter traumatischen Familienverhältnissen aufgewachsen sind und einer lebenslangen Ehebeziehung wenig Vorteilhaftes abgewinnen können.

Eine eheverachtende Haltung ist zum Beispiel besonders bei den Grünen zu finden. Sie fordern die „Abschaffung der Ehe als staatliche Institution“. So war in dem Berliner Wahlprogramm der Grünen zu den Wahlen am 10. Mai 1981 zu lesen: „Wir lehnen es ab, daß in der gesellschaftlichen Organisation und der gesamten Gesetzgebung noch immer das Leben in Ehe und Familie als ‚Normalfall‘ privilegiert wird.“ Weiter wird in diesem Wahlprogramm gefordert: „Abschaffung der Ehe als staatliche Institution (Abschaffung von Artikel 6 des Grundgesetzes) und aller damit verbundenen Vorrechte von Verheirateten.“

In gleicher Weise kämpfen die Vertreterinnen des Feminismus gegen Ehe und Familie. Der an sich verheerende Ruf nach der „Selbstverwirklichung der Frau" hört sich angesichts der anderen Forderungen geradezu harmlos an. Die von der Männerwelt frustrierten und sich emanzipierenden Frauen sind zu einem Klassenkampf angetreten, der alles angreift, was sich männlich nennt. Denn, so haben sie herausgefunden, der Mann hat das ganze Elend über die Erde gebracht. Jetzt wird der Feminismus das Weibliche befreien und mit einem Matriarchat (Frauenherrschaft) ein Jahrtausend des Friedens bringen.

In dieses ideologische Konzept passen natürlich eheliche Beziehungen und Mutterschaft überhaupt nicht; denn schließlich sind gerade sie Ausbruch der Herrschaft des Mannes über die Frau. So gehen die Forderungen nach Abtreibungen, künstlicher Befruchtung, Lesbismus und Homosexualität mit auf das Konto des Feminismus.

Täuschen wir uns nicht, diese Parolen werden von breiten Teilen der Bevölkerung und der Kirche bereitwillig aufgenommen. Georg Huntemann kommt nach einer gründlichen Untersuchung des Feminismus zu folgendem Urteil: „Angesichts dieser radikalen Revolution, die eben nicht nur Mensch und Gesellschaft, sondern auch die Natur selbst packen will, wirkt die Revolution des Marxismus-Leninismus wie eine romantisch-idyllische Erinnerung an das 19. Jahrhundert ... Der Feminismus wird über die Familie siegen, wenn das Zueinander von Geschlechtlichkeit und Mutterschaft verneint, ja sogar die Zuordnung der sexuellen Verwirklichung zum jeweils anderen Geschlecht aufgehoben und mit Erfolg Lesbismus propagiert wird." (11)

Alternativen zur traditionellen Familie

Enttäuscht vom eigenen Familienleben und infiziert von den Parolen einer „Kulturrevolution", suchen Millionen von Erwachsenen nach Möglichkeiten, Alternativen zur traditionellen Familie zu finden. Die ganz Radikalen meinen, man solle die Familie „feierlich beisetzen" und dafür eine Vielzahl anderer Wege gehen: Leben als Single oder in Kommunen, Lesbentum, Homosexualität, kinderlose Ehe, Mehrfachheirat, offene Ehe und noch phantasievollere Arrangements.

Und so wurde in den letzten Jahren fleißig experimentiert – meist auf Kosten der Kinder. Insbesondere kamen in den sechziger Jahren die Kommunen in Mode. Eine ganze Reihe von ihnen wurden in den USA kürzlich von dem Soziologenehepaar Berger bezüglich ihrer Langzeitwirkung auf Kinder untersucht. Die Ergebnisse waren erschreckend negativ. Hier eine Kurzfassung: „Die Kinder einem bizarren und oftmals schädlichen Experimentieren ausgesetzt ... Instabilität in allen für die Kinder bedeutsamen Beziehungen ... Vernachlässigung und Neurosen ... Kinder, die unter allen Arten physischer und emotionaler Deprivation leiden ... Weit entfernt davon, die nichtautoritären Persönlichkeiten zu schaffen, von denen die ursprünglichen Verfechter träumten, boten die Kommunen der letzten Jahrzehnte eher den Rahmen für einige der rigidesten autoritären und destruktiven Bewegungen unserer Zeit" (Die Welt, 17. 3. 84).

Einem anderen neuen Trend folgt eine zunehmende Zahl von Frauen, die zwar ein eigenes Kind, aber keinen Ehemann dazu haben wollen. Unter ihnen sind solche Frauen, die, vielleicht aufgrund negativer Erfahrungen, Abscheu haben vor der Lebensgemeinschaft mit einem Mann. Es gibt aber auch Frauen, die um jeden Preis unabhängig bleiben wollen und sich zumuten, für ihr Kind zugleich die Rolle des Vaters übernehmen zu können.

„Und das dürfte doch wohl neu sein: Gab es bisher nur die bedauernswerten Frauen, die mit einem ungewollten Kind ‚sitzengelassen' wurden, so gibt es jetzt auch jene Art emanzipierter Frauen, die sich geplant ein Kind machen lassen und danach den Mann sitzenlassen. Frauen also, die einen gar nicht heiratsunwilligen Mann – auch den soll es ja geben – davonjagen, ihn ‚in die Wüste schikken'. Nicht das Kind, sondern sein Vater wird ‚abgetrieben'." (12)

Die Leidtragenden aller Unternehmungen der Gegenkultur sind, wie Untersuchungen und Beobachtungen ergeben haben, die Kinder. Sie vertragen Verlust oder ständiges Wechseln von Bezugspersonen nicht. Sie brauchen die Geborgenheit und Beständigkeit der Familie.

Der marxistische Wunschtraum

Wir dürfen nicht übersehen, daß ein starker Motor der „Kulturrevolution" im Neomarxismus zu suchen ist, in der Bundesrepublik am ehesten bekannt durch die „Frankfurter Schule". Vor allem hängen seine Vertreter dem marxistischen Wunschtraum von der homogenen Grundsubstanz Mensch und der Gleichgestaltung aller Menschen an. Der Feminismus hat sich diesbezüglich zum lautstärksten Sprachrohr des Neomarxismus gemacht. Darüber hinaus ist ihnen die bürgerliche, auf der Autorität der Eltern beruhende Familie ein Hindernis bei ihren Plänen der Weltverbesserung. Sie muß abgeschafft werden, denn sie produziert angeblich die autoritären Charaktertypen der kapitalistischen Gesellschaft.

So schreibt Horkheimer, einer der Vertreter der „Frankfurter Schule": „Solange die grundlegende Struktur des gesellschaftlichen Lebens und die auf ihr beruhende Kultur der gegenwärtigen Weltepoche sich nicht entscheidend verändern, wird die Familie als Produzentin von bestimmten autoritären Charaktertypen ihre unentbehrliche Wirkung üben." (13)

Aus der Vergangenheit lernen

Dabei sollten die marxistischen Weltverbesserer aus ihrer eigenen Geschichte gelernt haben. Denn gerade sie haben doch Erfahrungen gesammelt, wie es aussieht, wenn man die Familienbande abschaffen will. Es dürfte nur wenig bekannt sein, daß 1917, nach der bolschewistischen Revolution in Rußland, der Versuch unternommen wurde, die Familie im größeren Rahmen abzuschaffen. Man hielt den Versuch 14 Jahre durch. Dann nahmen Vergewaltigungen, Kriminalität und jugendlicher Vandalismus (Zerstörungswut) so bedrohlich zu, daß man schnell wieder auf die herkömmliche Familienform zurückgriff.

Auf das gleiche Ziel der Familienauflösung wird heute – gezielt oder unbewußt – wieder zugesteuert. Sind Politiker nicht bereit, aus der Vergangenheit zu lernen, oder wollen gewisse Drahtzieher die Erfahrungen von 1917 nutzen, um unsere Gesellschaft zu zerstören? Der Verdacht liegt zumindest nahe.

Kinder ohne Beherrschung

Mir scheint, daß sich die Zustände unter Jugendlichen in der Bundesrepublik gar nicht so sehr von den damaligen unterscheiden. Lesen Sie nur einmal diese Zeitungsnotiz: „Am Freitagabend trafen im Frankfurter Stadtteil Hausen rund 250 (!) Mitglieder dreier verfeindeter Straßenbanden unter einer Autobahnbrücke aufeinander. Die Jugendlichen im Alter zwischen 12 und 20 Jahren gingen mit Baseballschlägern, Fahrradketten, Schlagstöcken, Messern und auch mit Tränengaspistolen aufeinander los. Die Polizei zog aus allen Stadtteilen Kräfte zusammen, setzte mehr als 100 Beamte, 33 Einsatzwagen, Hunde und Hubschrauber ein und trieb die Kampfhähne auseinander“ (Die Welt, 9. 4. 84).

Oder diese drei Artikel, herausgegriffen aus Veröffentlichungen innerhalb einer Woche: „Zwei 14jährige Mädchen aus Herne dringen in die Wohnung eines hilflosen alten Mannes ein, schlagen ihm ein Barometer über den Kopf und stechen ihm ein Messer mehrmals in den

Rücken. Bei der Festnahme sagen sie: ‚Wir wollten ihn totmachen und berauben.'"

„Zwei Jungen, 11 und 13 Jahre alt, richten im Altarraum der historischen Klosterkirche in Uetersen unvorstellbare Verwüstungen an. Bei der Festnahme sagen sie: ‚Wir wollten einfach was kaputtmachen!'"

„Drei 12jährige Jungen aus Frankfurt schlagen zwei Telefonzellen kurz und klein, zertrümmern einem zufällig vorbeikommenden Mädchen (14) das Nasenbein, übergießen die Verkaufsregale einer Tankstelle mit Benzin und zünden sie an. Bei der Festnahme sagen sie: ‚Wir hatten Bock auf Randale!'"

Nach diesen Berichten mußte ich nicht lange suchen. Täglich finden Sie noch schlimmere in unseren Tageszeitungen. Eine neue Welle von Gewalt schockiert die Bürger unseres Landes und macht sie ratlos. Immer öfter legen Kinder bei ihren Straftaten eine Brutalität an den Tag, die selbst hartgesottenen Polizisten die Haare zu Berge treibt. „Der kindliche Tätertyp von heute hat die ganze Palette drauf, vom Einbruch bis zum Totschlag", sagte ein Kölner Kripomann.

Schon der Schulhof wird zum Schlachtfeld. Millionen stockte der Atem, als das Fernsehen eine Pausenprügelei an einer Berliner Grundschule zeigte. Szenen brutaler Gewalt, wie sie kein Krimiregisseur realistischer hätte inszenieren können: Verbissen aufeinander einschlagende Jungen, ineinander verkeilt, als ging es auf Tod und Leben.

Gewiß: Kinder haben sich schon immer auf dem Schulhof geprügelt. Aber heute werden sie zusammengeschlagen. Darin liegt der Unterschied.

Immer häufiger begehen Kinder Straftaten, die man noch vor drei oder vier Jahren allenfalls Halbwüchsigen zugetraut hätte: Diebstahl, Raub und Sachbeschädigung, Nötigung und Erpressung, Landfriedensbruch, schwere Körperverletzung, Totschlag, Vergewaltigung und Mord.

Allein die schweren Körperverletzungen durch Kinder haben in den letzten zehn Jahren um 240 Prozent zugenommen.

Kinder haben noch nie soviel und vor allem noch nie so viel Wertvolles gestohlen wie heute. Waren es früher Nachbars Äpfel, so sind es heute Fahrräder oder Gegenstände aus dem Supermarkt. 7,4 Prozent aller erwischten Einbrecher sind Kinder unter 14 Jahren. Innerhalb von zehn Jahren stieg die Zahl der jugendlichen Tatverdächtigen um 63,7 Prozent an. In Frankfurt wurden im Sommer 1982 von Kindern innerhalb von zwei Monaten 1800 Wohnungen ausgeraubt – eine neue Dimension deutscher Kriminalität.

Auch die Drogensucht nimmt dramatisch zu. Innerhalb eines einzigen Jahres (von 1979 bis 1980) nahm die Zahl der Rauschgiftdelikte bei Sechs- bis Vierzehnjährigen um 134 Prozent zu. Die Betroffenen werden immer jünger. Die Zahl der Drogentoten stieg in dem Jahrzehnt von 1970 bis 1980 um 1600 Prozent. In einem Drogen-Report heißt es: „Jahrelang war es üblich, von einer Drogen-Subkultur zu sprechen. Ein neuer Bericht ... macht deutlich, daß wir die Vorsilbe ‚Sub' wegfallen lassen können. Wir sind eine Drogen-Kultur."

Eine Befragung von etwa 2000 jungen Menschen in Niedersachsen ergab, daß rund ein Viertel aller zehnjährigen Kinder bereits Bekanntschaft mit Alkohol gemacht hat. Schon Grundschüler trinken Alkohol. Spätestens die Konfirmationsfeier ist laut dieser Befragung für viele Teenager der Anlaß zum ersten übermäßigen Alkoholkonsum.

Das Vorbild der Erwachsenenwelt

Ein zentrales Ergebnis der niedersächsischen Studie ist, daß junge Alkohol-, Nikotin- und Drogengefährdete häufig aus gestörten Familienverhältnissen kommen. Daraus folgert der Familienminister des Landes: „Die intakte Familie kann ihre Kinder vor Gefährdungen durch illegale Drogen sowie Alkohol- und Nikotinmißbrauch am besten schützen. Das Vorbild der Eltern bestimmt gerade hier maßgeblich das Verhalten der Kinder."

Aber wie sieht das Vorbild der Erwachsenen aus? Für alkoholische Getränke geben die Deutschen so viel aus wie für die Landesverteidigung: in einem Jahr mehr als 43 Milliarden Mark oder 698,40 DM pro Person – Greise und Kinder eingeschlossen. Die Bundeszentrale für gesundheitliche Aufklärung spricht von 2,5 Millionen Zwangstrinkern.

Es ist absurd, wenn endlich alarmierte Politiker die Schuld einseitig den Eltern zuweisen. Denn schließlich haben sie jahrelang eine Familienpolitik vertreten oder geduldet, die das Familienleben immer mehr ins Abseits gedrängt hat.

Selbst wenn Eltern maßvoll leben, haben sie doch einen schweren Stand gegen den sympathischen Filmhelden, der ständig ein Glas mit Hochprozentigem in der Hand hält, oder gegen die Zigarettenreklame, die den Glimmstengel zum Inbegriff persönlicher Freiheit und unbeschwerten Lebensgefühls macht.

Verzweifelte Kinder

1960 hielten Psychiatrieexperten jeden zwölften Schüler für behandlungsbedürftig. 1976 war es schon jedes vierte Kind, und heute sprechen die Kinder- und Jugendpsychiater bereits von jedem dritten Kind.

Das so gern gemalte Bild von einer glücklichen Kindheit ist offensichtlich eine Illusion. Laut einer Umfrage schätzen 58% der Kinder und Jugendlichen ihre Zukunft düster ein. Teilweise stecken sie in Todesfurcht oder haben einfach Angst vor ihrer Zukunft. Dabei konzentriert sich die Angst vor allem auf sieben Bereiche: Schule, Eintritt ins Berufsleben, Arbeitslosigkeit, Atomkrieg, Zerstörung der Umwelt, Terrorismus und Siechtum. Das sind jedenfalls die Ergebnisse einer Studie, bei der rund 2500 Jungen und Mädchen im Alter zwischen zehn und zwanzig Jahren nach ihren Zukunftserwartungen befragt wurden.

Erschreckend viele Kinder und Jugendliche versuchen ihrem Leben mit Selbstmord ein Ende zu bereiten. „Jedes Jahr begehen in der Bundesrepublik Deutschland etwa 1500 Schülerinnen und Schüler Selbstmord; annähernd 14000 versuchen es“ (Die Welt, 9. 4. 84). Mädchen unternehmen viermal so oft Selbstmordversuche wie Jungen, während bei Jungen die Versuche öfter tödlich enden. Jedes viertes Kind gesteht ein, schon einmal mit Selbstmordgedanken gespielt zu haben.

Die Hauptursache ist vor allem in der Verzweiflung über zerrüttete Familienverhältnisse oder in Pubertätskonflikten zu suchen, in überforderten Erwartungen des Elternhauses sowie in einem bei vielen Jugendlichen vorhandenen Gefühl der Hoffnungs- und Sinnlosigkeit des Lebens.

In der Sackgasse

Alle Studien und Befragungen ergeben übereinstimmend, daß das Chaos in den Kinderseelen in den letzten zwei Jahrzehnten lawinenartig angewachsen ist und daß mangelnde bzw. zerstörte Familienbeziehungen die grundlegenden Ursachen sind.

Familienpolitisch stecken wir in einer Sackgasse. Einerseits sehen die Politiker die wichtige Aufgabe der Eltern und insbesondere der Mutter, andererseits kuschen sie vor dem aggressiven Auftreten der Feministinnen. Keiner wagt es, die „Errungenschaften“ der letzten Jahre zurückzunehmen. Lieber gehen sie mit der vielgepriesenen Freiheit zugrunde, als aus dem Drama der zwischenmenschlichen Beziehungen Konsequenzen zu ziehen.

Täte man es, dann müßte der Berufung der Hausfrau und Mutter wieder der rechtmäßige Platz eingeräumt werden. Aber dazu ist niemand bereit. Die heilige Kuh der beruflichen Gleichstellung und Selbstverwirklichung der Frau darf nicht angetastet werden.

Christen inmitten einer „Kulturrevolution“

Wie verhalten Sie sich als christliche Eltern gegenüber dieser bedrängenden Situation?

Ihr Kind ist nicht kriminell, seine Aggressivität hält sich im Rahmen, und auch sonst macht es einen recht aufgeweckten Eindruck. Es ist also – Gott sei Dank – noch kein Opfer der „Kulturrevolution“.

Aber es lebt, wie auch Sie, inmitten einer Zeit, die ihm täglich antichristliche Werte einimpfen will. Zunächst müssen Sie als Eheleute die falschen Konzepte durchschauen und die biblischen Prinzipien kennen und vertreten. (14) Danach fällt Ihnen die schwierige Aufgabe zu, diese Werte Ihren Kindern mitzugeben.

Welche Bedeutung und wieviel Zeit räumen Sie Ihrem Familienleben ein? Läuft es nur so nebenbei ab, oder hat es eine Hauptbedeutung? Die bedrückende Bilanz der letzten Jahrzehnte hat gezeigt, daß die Jahre des Familienlebens die bedeutendsten für die Zukunft des Kindes sind. Hier bekommt es durch Ihr Vorbild, Ihre Belehrung und den Umgang mit Ihnen die Maßstäbe in die Hand, mit denen es einmal eigenständig seine Zukunft bauen wird. Und wir sollten ihm schon die beste Ausrüstung mitgeben.

Um noch einmal einen Psychologen zu Wort kommen zu lassen: „Die Vorteile der Ehe (bzw. Familie) liegen gerade in ihrer Ausschließlichkeit und Dauerhaftigkeit. Jede Studie der Persönlichkeitsentwicklung hat erwiesen, daß Ich-Stärke und Soziabilität sich bei Kindern am besten entwickeln können, wenn sie in einer Atmosphäre der emotionalen Stabilität und Geborgenheit aufwachsen.“ (15)

Damit hat dieser Psychologe überhaupt nichts Neues

gesagt. So ist es schon seit Erschaffung des Menschen von Gott beabsichtigt und im Wortlaut der Bibel verankert. Gott hat Ehe und Familie als die beste und erfolgreichste Form des Zusammenlebens eingesetzt. Die Erfahrung zeigt, daß es nur ratsam ist, seinen Geboten zu folgen.

Erkennen Sie die Bedeutsamkeit eines harmonischen und ausgeglichenen Familienlebens für sich und ihre Kinder? Dies zu schaffen ist für viele heute nahezu eine Unmöglichkeit geworden. Wie es zu verwirklichen ist, dazu erst Ratschläge und Erfahrungen in späteren Kapiteln. Zunächst geht es noch um die heimlichen Miterzieher unserer Kinder und deren Einflüsse auf sie.

Backe, backe Kuchen ...

Kindergarten – eine Hilfe für die Familie

Der Besuch eines Kindergartens ist hilfreich für die Entwicklung des Kleinkindes. Hier werden Anregungen und Bastelanleitungen gegeben, die der Mutter zu Hause gar nicht einfallen würden. Und besonders in Familien mit wenigen oder nur einem Kind ist es wichtig, daß der Sprößling lernt, mit anderen Kinder auszukommen und zu spielen.

So verstanden, kann der Kindergarten wirklich eine gute, familienergänzende Einrichtung sein. Das erwarten wohl auch die Eltern. Sie denken an Geschichtenerzählen, Basteln, Kreisspiele, Herumtollen in der Sandkiste und Kinderlieder wie „Backe, backe Kuchen, der Bäcker hat gerufen". Und wenn es ein kirchlicher Kindergarten ist, hat man auch nichts gegen ein Tischgebet oder biblische Geschichten.

Gut, daß es diese Kindergärten noch gibt. Andere dagegen wandeln sich mehr und mehr zu ideologischen Schulungsstätten. Das hängt natürlich hauptsächlich von der persönlichen Einstellung des betreffenden Erziehers ab. Diese sollten Sie sich genau anschauen, bevor sie Ihr Kind aus der behüteten häuslichen Atmosphäre für fünf Vormittage in der Woche in andere Hände geben.

Manche Eltern haben (buchstäblich) ihr blaues Wunder erlebt. Da sind ihre Kinder arg zugerichtet nach Hause gekommen. Die Erzieherinnen hatten entweder den Überblick oder die Kontrolle über ihre „repressionsfreie" Gruppe verloren bzw. es nicht für richtig gehalten, Aggressionen zu unterdrücken.

Das Kind als „revolutionäres Subjekt“

Vergessen Sie nicht, daß das Erziehungswesen sich der besonderen Aufmerksamkeit der Systemveränderer erfreut. Nach den lautstarken Studentenunruhen in den sechziger Jahren hat sich eine Linksbewegung zum „Marsch durch die Institutionen“ aufgemacht. Auch sie hat ihre Wurzeln in der „Frankfurter Schule“ der Soziologen Adorno, Horkheimer und Habermas. Das theoretische Rüstzeug dieser Bewegung wird „Kritische Theorie“ genannt. Diese Theorie will, vereinfacht ausgedrückt, den Marxismus auch ohne Revolution installieren.

„Rudi Dutschke gab die Parole vom ‚langen Marsch durch die Institutionen‘ aus. Die entscheidenden Einrichtungen (einschließlich der Kirche!), die es mit der Prägung der menschlichen Persönlichkeit und der Beeinflussung der öffentlichen Meinung zu tun haben, sollten von innen her unterwandert, erobert und in den Dienst der Gesellschaftsveränderung gestellt werden. Dabei wurde dem Bildungswesen von vornherein eine zentrale Stellung beigemessen. Denn nach neomarxistischer Erkenntnis mußte man ja nun als Voraussetzung für eine erfolgreiche Revolution zunächst den Menschen verändern.“ (16)

Neben der Schule ist der Kindergarten einer der Orte, wo die menschliche Persönlichkeit am meisten geprägt wird. Auch wenn es nicht so offensichtlich ist, in den Kindergärten gibt es inzwischen genügend Erzieher, für die das Kind nichts weiter als ein „revolutionäres Objekt“ ist.

Die Umerziehung geschieht nicht plump, sondern eher geschickt und fein dosiert. So gilt als Ziel für die Vorschulzeit, das Kind von der vertrauens- und liebevollen Bindung an die Eltern zu lösen. Es soll „früh genug andere Wert- und Einstellungsalternativen kennenlernen“, um in Distanz zu seinem Elternhaus treten zu können.

Familienrevolutionierende Programme

In den gleichen sechziger Jahren, in denen durch den neomarxistischen Aufbruch die Konflikt- bzw. Emanzipatorische Pädagogik geboren wurde, wurde auch der „Deutsche Bildungsrat" ins Dasein gerufen. Laut Pädagogischem Lexikon soll er für das gesamte Schul- und Weiterbildungswesen sowie die Lehrerbildung zuständig sein. Er sei ein weitgehend kompetenzloses Beratungsgremium, liest man, und erarbeite lediglich Konzepte und Empfehlungen zum Ausbau des Bildungswesen.

Seit seiner Gründung hat dieses Gremium fleißige Arbeit geleistet: 1970 entwarf es den „Strukturplan für das deutsche Bildungswesen", 1973 den „Bildungsgesamtplan" und 1975 den „Zweiten Familienbericht der Bundesregierung".

Der Deutsche Bildungsrat weist in seinen Veröffentlichungen wiederholt darauf hin, daß es sich bei seinen Entwürfen um „familienergänzende" Programme handele. Beim genauen Studium muß der Begriff „familienergänzend" allerdings als eine bewußte Irreführung bezeichnet werden, wie Immanuel Lück in seinem aufrüttelnden Buch „Alarm um die Schule" ausführt: „Es handelt sich um ein familienrevolutionierendes Programm. Die Familie wird zu einer Zelle, in der durch ständiges Hinterfragen, Kritisieren, Distanzieren, durch Abwägen der eigenen Bedürfnisse mit denen der anderen Familienmitglieder, durch Erfahrbarmachen von Durchsetzungsstrategien des eigenen Willens ‚permanente Revolution' eingeübt wird. Genau aber das sind die familiären Sozialisationsbedingungen, die J. Habermas für nötig hält, um aus Kindern das gesellschaftsrevolutionäre Potential zu gewinnen." (17)

Der „Zweite Familienbericht" ist deutlich vom Gedankengut der sogenannten „neuen Linken" geprägt. Über Kinder, Jugendliche und Erwachsene legt sich kaum wahrnehmbar das dichtmaschige Netz der öffentlichen Erziehung.

Diese beginnt schon im Vorschulalter. Der „Strukturplan“ sieht für die Drei- bis Vierjährigen den Elementarbereich vor und für die Fünf- bis Sechsjährigen die Eingangsstufe.

Unqualifizierte Eltern

Die Ein- und Zweijährigen läßt man noch in der Obhut der Eltern. Aber bereits von unseren Dreijährigen erwartet man inzwischen wie selbstverständlich, daß sie in den Kindergarten gehören. Dann kann Mutti wieder ihrem Beruf nachgehen oder ihrer Selbstverwirklichung frönen. Und außerdem erzieht der Kindergarten doch viel besser, als es ungeschulte Eltern jemals zustande brächten – so jedenfalls haben viele Eltern gelernt zu denken.

Als neulich eine Bekannte erklärte, sie denke nicht daran, ihren Dreijährigen in den Kindergarten zu schikken, erntete sie erstaunte Äußerungen und mißtrauisches Stirnrunzeln von ihren Nachbarinnen.

„Für die drei- bis vierjährigen Kinder streitet man bereits heute der Familie grundsätzlich die Fähigkeit ab, der Erziehung gerecht zu werden, und ist tatsächlich der Auffassung, daß die Kinder ab diesem Alter in psychologisch und pädagogisch gut geführten Kindergärten in vielfältiger Hinsicht eine bedeutsame Förderung ihrer Entwicklung erfahren können.“ (18)

Entfremdung von den eigenen Eltern

Man macht den Eltern, insbesondere uns christlichen Eltern, den Vorwurf, die Kinder an unsere eigenen Bedürfnisse zu binden und sie in ihrer persönlichen Entwicklung einseitig festzulegen.

So lesen wir im „Strukturplan für das Bildungswesen“ des Deutschen Bildungsrates: „Wenn das Kind in der gesamten Vorschulzeit ausschließlich in der Familie aufwächst, ergeben sich spezifische Begrenzungen für die Entwicklung seines Gefühlslebens, seiner Denk- und Erkenntnisfähigkeit sowie seiner Fähigkeit im Umgang mit anderen Menschen." Eine Seite weiter heißt es: „... wenn die Wert- und Normsysteme der Familie die einzigen Orientierungsmuster für das Kind darstellen und es keine Chance hat, früh genug Wert- und Einstellungsalternativen kennenzulernen, wird es daran gehindert, in Distanz zur eigenen Position zu treten und sie dadurch teilweise zu überwinden." (19)

Zunächst möchte man dieser Argumentation zustimmen. Ja, es trifft zu, das Kind braucht Anregungen außerhalb der Familie. Es muß Erfahrungen sammeln mit anderen Erwachsenen und Kindern und auch Konflikte mit anderen durchstehen lernen. Aber Ausdrücke wie „Einstellungsalternativen kennenlernen" und „in Distanz zur eigenen Position zu treten" sollten uns hellhörig machen. Welche „Alternativen" soll das Kind denn kennenlernen? Und welche „Positionen" soll es überwinden? Etwa die Beziehung zu den eigenen Eltern?

Wenn Sie die Ziele der „neuen Pädagogik" noch nicht kennen, nämlich das Kind zum „revolutionären Subjekt" der künftigen Gesellschaftsveränderung zu machen, können Sie meinen, ich würde die Sachlage etwas überspitzt sehen. Aber glücklicherweise sind die Absichten der neuen Pädagogen keine Geheimnisse mehr.

In Wahrheit sind gerade die Christen mit solchen Äußerungen des Deutschen Bildungsrates aufs äußerste herausgefordert. Wir wollen unseren Kindern christliche Werte und Normen mitgeben und zur Nachfolge Jesu Christi anleiten. In den Augen der Reformpädagogen ist das bereits elterliches Fehlverhalten. Für sie bedeutet das eine „Begrenzung der kindlichen Entwicklung". Es lerne so keine „Wert- und Einstellungsalternativen" kennen und könne auch nicht in Distanz zu der von den Eltern anerzogenen Position treten und sie überwinden.

Der Strukturplan ist in Wirklichkeit kein „familienbegleitendes" Programm, sondern ein „familienrevolutionierendes"! Das Ziel lautet, schon dreijährige Kinder von dem Gewissen zu befreien, das bis dahin im Elternhaus gebildet worden ist. Das Kind soll von frühauf lernen, sich von den Werten und Normen der Eltern zu distanzieren.

Nehmen Sie es bitte zur Kenntnis: der Deutsche Bildungsrat empfiehlt allen Ernstes als Ziel des pädagogischen Handelns im Elementarbereich, die „Abhängigkeit des Kindes von Bezugspersonen zu mindern". (20) Damit sind in erster Linie wir Mütter und Väter gemeint!

Das Kind gehört der Gesellschaft

Der „Zweite Familienbericht der Bundesregierung" akzentuiert noch stärker, daß es um eine möglichst frühe Ablösung und Verselbständigung des Kindes von den Personen geht, mit denen es bisher vornehmlich zusammen war. Unter dem Abschnitt „Familie und Sozialisation" ist zu lesen: „Es gibt kein Recht, die künftige Generation auf bestimmte Konfessionen und Parteien festzulegen." (21) Das gilt für die Familienerziehung – wohlgemerkt!

Immer mehr führende Erziehungswissenschaftler wenden sich gegen das bestehende Elternrecht. Der Darmstädter Professor H. J. Gamm, ein radikalmarxistischer Erziehungswissenschaftler, spricht sich in seinem Buch „Kritische Schule" entschieden und offen gegen das Elternrecht aus. Er steht mit folgender Forderung nicht allein da: „Alle gesellschaftlichen Gruppen, nicht etwa nur ihre Mächtigsten, haben letztlich das höhere Anrecht auf die Kinder als ihre vielfach befangenen Eltern, die für die Elternrolle nicht qualifiziert sind." (22)

Gibt es da noch Mißverständnisse? Wir Eltern sind befangen und unqualifiziert! Das höhere Anrecht auf die Kinder hat die Gesellschaft mit ihren Gruppen!

Der schon zitierte J. Habermas drückt es so aus: „Erziehung der Kinder ist eine gesamtgesellschaftliche Aufgabe besonderer Art und Bedeutung. Die Wahrnehmung dieser Aufgabe überträgt unsere Gesellschaft Familien und außerfamiliären Einrichtungen.“ (23)

Konsequenzen ziehen

Wenn man diese Zitate aufmerksam liest, verschlägt es einem fast der Atem: Eltern werden zu Gebärfabriken. Die Kinder gehören der Gesellschaft, die großzügigerweise gewisse Erziehungsaufgaben an die Eltern oder an staatliche Einrichtungen verteilt.

Möge Gott uns helfen, daß solche Kräfte nie das Sagen in unserem Land bekommen; die Tendenz ist schon bedrohlich genug. Keine Bundesregierung – weder die letzte noch die jetzige – hat solchen Aussagen widersprochen. Aber wir Christen dürfen nicht in Passivität verharren. Einmal gilt es, für eine gottesfürchtige Regierung zu beten (1. Tim. 2,1-3). Und dann dürfen wir nicht schweigen, sondern müssen die Wahrheit sagen.

Kinder sind eine Gabe Gottes an uns Eltern. Sie sind weder das Eigentum der Gesellschaft noch ein Besitz der Eltern. Sie sind Eigentum ihres Schöpfers und uns Eltern für die Jahre ihrer Unmündigkeit anvertraut, damit wir sie erziehen und anleiten, ein gottesfürchtiges Leben zu führen.

Diese Wahrheit zeigt uns die hohe Verantwortung für unseren Erziehungsauftrag auf und muß zu Konsequenzen führen. Gott wird uns später einmal fragen, was wir mit den Kinder gemacht haben, die er uns anvertraut hat.

Eltern tragen die Hauptverantwortung

Sie als Eltern tragen die Hauptverantwortung für die Erziehung und Bildung Ihrer Kinder! Es ist höchste Zeit, daß Eltern und christliche Gemeinden die Erziehung und Betreuung der Kinder wieder mehr in die Hand nehmen.

Folgen Sie nicht dem bequemen Trend unserer Zeit, und geben Sie Ihr Kind so wenig wie möglich in den staatlichen Bildungsapparat.

Das mag eine vermehrte Konzentration auf das Familienleben, weniger persönliche Freiheit und größere finanzielle Einbußen nach sich ziehen, aber es zahlt sich auf die Dauer aus.

Das Für und Wider eines vormittäglichen Kindergartens muß erwogen werden. Schauen Sie sich genau um, bevor Sie Ihr Kind dorthin geben. Können Sie die pädagogischen Prinzipien, nach denen verfahren wird, wirklich befürworten? Warum wollen Sie Ihr Kind eigentlich schon mit drei Jahren dorthin schicken? Aus Bequemlichkeit oder weil es alle tun?

Wir selbst haben unsere Kinder im fünften Lebensjahr in den Kindergarten geschickt. Trotz der vielen Spielanregungen in unserer großen Familie sahen wir es als nötig an, daß sie vor Eintritt in die Schule noch das Einordnen in eine Gruppe, das Stillsitzen, eine gewisse Beständigkeit bei den Aufgaben und das Achten auf die Leiterin lernen. Die Anforderungen in der ersten Schulklasse könnten sonst zu groß sein. Aber hätten wir nicht einen Kindergarten gefunden, der nach christlichen Prinzipien arbeitet, wir hätten das Kindergartenjahr gestrichen.

Gemeindliche Initiativen

Noch besser ist es, auf privater und gemeindlicher Ebene einen eigenen „Kindergarten" zu starten. Dazu gehört gar nicht so viel: Absprache mit anderen Müttern, ein Raum, eventuell ein Garten, etwas Material. Die Betreuung wird abwechselnd übernommen oder von einer geschickten Person schwerpunktmäßig.

„Jugend mit einer Mission" in Schloß Hurlach hat ein christliches Kindergartenprogramm entwickelt und arbeitet damit seit einigen Jahren erfolgreich. Hier können z. B. Anregungen ganz oder teilweise übernommen werden.

Immer mehr Gemeinden erkennen ihre Verantwortung und intensivieren daher ihre Kinderarbeit und fangen mit eigenen, kleinen Kindergärten für Mitglieder und Freunde an. Noch ist es möglich, auf eigene Initiative, ohne staatliche Erlaubnis einholen zu müssen – allerdings auch ohne staatliche Mittel in Anspruch nehmen zu können –, Kinder in diesem Alter zu betreuen. Wir sollten die Zeit nutzen und unsere Kinder in diesen jungen Jahren trainieren und auf das Leben in der Welt vorbereiten.

Wir können und wollen unsere Kinder nicht aus der Welt nehmen und in ein frommes Ghetto sperren. Sie aber während der prägendsten Jahre ihres Lebens ungeschützt in die Hände emanzipatorischer Erzieher zu geben, ist mehr als Leichtsinn.

Das Argument, wir dürften die Kinder nicht zu sehr mit unserem christlichen Lebensstil beeinflussen, sie sollten sich später selbst einmal entscheiden, welchen Weg sie gehen wollen, zieht nicht. Denn schließlich haben wir ihnen mit unserem Glauben unendlich Wertvolleres zu vermitteln als alle staatlichen Erzieher. Außerdem zeigt die Praxis: Es gibt nur ein „Entweder-Oder“. Schon mit dem dritten Lebensjahr wird versucht, die Kleinen von der elterlichen Gewissensbeeinflussung zu lösen und auf ein neues „Bewußtsein“ einzuschwören. Und dem sollen wir tatenlos zusehen?

Auf dem Weg in die Erziehungsdiktatur

Eine düstere Epoche für die Familie

Seit dem Beginn der 70er Jahre hat für die deutsche Familie eine düstere Epoche begonnen. „Der lange Marsch durch die Institutionen", die stille Revolution des Gesellschaftsapparates, beginnt, seine Früchte zu tragen.

Ich zitiere aus meinem Buch „Ehe und Familie in der Zerreißprobe" (24): „Insbesondere unter der sozialliberalen Regierung sind eine Reihe von Gesetzen in Kraft getreten, deren Tragweite zu durchschauen dem Normalbürger mit den ihm zur Verfügung stehenden Informationen vielfach schwerfällt. Vordergründig sehen sie auch recht harmlos und familienfreundlich aus.

In diese Jahre fallen die Erleichterung der Ehescheidungen und die Liberalisierung des § 218, durch den die Abtreibung aus sozialen Gründen legalisiert wurde. Eine großzügige Freigabe von Pornographie wurde erreicht, und der Homosexuellenparagraph 175 so erweitert, daß lediglich Minderjährige vor homosexuellen Zugriffen geschützt werden. Es sind die Jahre des Kinderschwundes und der Flucht der Frau aus der Familie.

Im letzten Jahrzehnt haben auch die Eltern ihre Zustimmung zu einer schrittweisen Selbstentmachtung gegeben: 1974 wurde durch das Gesetz zur Neuregelung des Volljährigkeitsalters das Volljährigkeits- und Wahlalter von 21 Jahren auf 18 Jahre herabgesetzt. Die Vorlagen des Bildungsgesamtplanes von 1973 und des Zweiten Familienberichtes des Deutschen Bildungsrates zeigen die klare Tendenz eines totalitären Anspruchs an den Menschen. Die Ersetzung der ‚elterlichen Gewalt' durch die

‚elterliche Sorge', am 15. 6. 1979 von der Bundesregierung beschlossen, gibt uns schon einen kleinen Vorgeschmack dessen, was in der Luft liegt."

Schrittweise Entmachtung der Eltern

Schritt für Schritt werden die Akzente verschoben. Unter „elterlicher Sorge" versteht das Gesetz nunmehr das Anstreben von „Einvernehmen" mit dem Kind: „Bei der Pflege und Erziehung berücksichtigen die Eltern die wachsende Fähigkeit und das wachsende Bedürfnis des Kindes zu selbständigem, verantwortungsbewußtem Handeln. Sie besprechen mit dem Kind, soweit es nach dessen Entwicklungsstand angezeigt ist, Fragen der elterlichen Sorge und streben Einvernehmen an" (Paragraph 1626 (2) BGB).

Das klingt recht gut; aber es wird nicht einfach sein, mit einem durch die „Kritische Theorie" aufgehetzten und rebellierenden Teenager zu dem geforderten „Einvernehmen" zu kommen. Was passiert, wenn zum Beispiel eine Einigung mit einem 15jährigen Sohn im Gespräch nicht zu erreichen ist, weil seine Pläne allen Vorstellungen der Eltern widersprechen? Nehmen wir an, die Eltern seien Christen, und sie verbieten gewisse Unternehmungen mit einer Clique, weil sie ungute Einflüsse befürchten. Oder sie kürzen in einem anderen Fall das Taschengeld, verhängen Hausarrest und versohlen ihm sogar den Hosenboden.

Können Sie sich vorstellen, daß sich nach solch einem Familienzwist das Jugendamt meldet, um durch seine Vermittlung das „Einvernehmen" zu erreichen?

Es ist vorstellbar! Nach Paragraph 1666 (1) BGB kann sich das Vormundschaftsgericht einschalten und „erforderliche Maßnahmen treffen, um eine Gefahr für das körperliche, geistige oder seelische Wohl des Kindes" abzuwenden. Das Amt kann sich dabei auf die Änderung des Paragraphen 1631 (2) BGB berufen: „Entwürdigende Erziehungsmaßnahmen sind unzulässig."

Dabei entsteht natürlich die Frage, wer eigentlich den Begriff „entwürdigende Erziehungsmaßnahmen" definiert. Was ist unter „Gefahr für das körperliche, geistige oder seelische Wohl" des Kindes zu verstehen? Werden die Maßstäbe etwa von Pädagogen festgelegt, die meinen, daß Eltern sowieso für die Erziehung unqualifiziert seien und daß die Kinder der Gesellschaft gehören?

Diese Gesetzesänderung hat natürlich zwei Seiten. Die gute ist, daß solchen Eltern das Handwerk gelegt werden kann, die ihre Kinder grob vernachlässigen und mißhandeln. Darüber bin ich froh, denn schließlich habe ich Kinder in meiner Familie, die Schweres durchgemacht haben und dank dieser Gesetzesänderung bei uns ein bleibendes Zuhause gefunden haben.

Die bedrohliche Seite zeigt sich aber darin, daß die Umformulierung in „elterliche Sorge" als Instrument einer schleichenden Entmachtung der elterlichen Erziehungsautorität mißbraucht werden kann – eine Befürchtung, die angesichts der Entwicklung auf der familienpolitischen Szene gar nicht so unberechtigt ist.

Das schwedische Vorbild

In dieser Beziehung ist uns zum Beispiel das „sozialdemokratische Wunderland" Schweden schon um einiges voraus. Dort sind über 80% der Mütter mit Kindern unter sechs Jahren erwerbstätig. Die hohe steuerliche Belastung im heutigen Schweden macht es besonders Arbeiterfamilien fast unmöglich, sich von nur einem Einkommen zu ernähren.

„Steuererleichterungen und Sozialhilfe für in finanzielle Not geratene Familien machen die Behörden davon abhängig, ob die Kinder im kommunalen Kinderhort angemeldet sind und beide Eltern dem Arbeitsmarkt zur Verfügung stehen ... Eltern, die ihre Kinder in staatliche Tagesheime geben, sparen praktisch alle mit der Kinderversorgung zusammenhängenden Ausgaben. Eltern, die ihre Kinder selber versorgen, erhalten vom Staat ‚nicht eine Krone'. Wer in Schweden seine Kinder selbst erzieht, begeht finanziellen Selbstmord" (Die Welt, 20. 2. 85).

In der letzten Zeit brachten Fälle erzwungener Fürsorgeverwahrung von Kindern das Land Schweden wiederholt als „Kinder-Gulag" (in Anlehnung an Solschenizyns „Archipel Gulag") in die internationalen Schlagzeilen. Bei der Europäischen Menschenrechtskommission in Straßburg mehren sich die Klagen über Zwangsverwahrungen von Kindern. Schwedischen Sozialpädagogen wird vorgeworfen, unter Mißachtung gerichtlicher Urteile und mit anmaßender Willkür Kinder zwangsweise in Heime einzuweisen. Mädchen und Jungen, die „außer der Norm" erzogen werden, kommen unter die Fittiche des Staates.

Grundlage dieses schreckenerregenden Eingriffes in die Privatsphäre der Familie sind zwei Gesetzesänderungen: 1979 verabschiedete das schwedische Parlament ein Gesetz, das Eltern Schläge wie auch psychologische Strafen oder „Demütigungen" untersagt. Ein Nottelefon, das rund um die Uhr von einem staatlichen Berater besetzt ist, gibt den Kindern Gelegenheit, unverzüglich elterliche „Gewalttaten" zu melden.

Aufgrund des am 1. Januar 1982 novellierten Gesetzes über Kinderfürsorge sind bereits über 23000 Kinder in staatlicher Obhut, weil deren Eltern sie nicht nach den Vorstellung staatlicher Sozialpädagogen erzogen haben.

„Jüngstes Beispiel für die Erziehungspraxis des Staates: Inger Johansson, 44, aus Vageryd muß ihren einzigen Sohn, den vierjährigen Mikael, in ein staatliches Kinderheim abgeben. Aus der Begründung der Sozialbehörde: Die Mutter, die 110 Kilo schwer ist, sei so dick, daß Mikael später einmal von seinen Spiel- und Schulkameraden wegen seiner Mutter gehänselt werden könnte" (Welt am Sonntag, 13. 1. 85).

Ein Fall, der die ganze behördliche Machtvollkommenheit und die schwache Position der Eltern verdeutlicht, spielte sich in einer Stockholmer Vorstadt ab: Bei einem jungen Ehepaar mit einer vierjährigen Tochter meldet sich das Sozialamt: Es lägen Zeugenberichte vor – weitgehend anonym –, daß das Kind hauptsächlich vom Vater mißhandelt und sexuell mißbraucht werde. Außerdem werde es von den Eltern öfter zu Hause allein gelassen. Man fordert eine ärztliche Untersuchung.

Trotz mehrfacher Untersuchungen und ärztlicher Atteste, die die Vorwürfe klar widerlegen, wird das Kind in ein Kinderheim gebracht, das rund vierzig Kilometer von der Wohnung entfernt liegt. Erst nachdem Gerichte in zwei Instanzen entschieden haben, daß das Mädchen den Eltern zu Unrecht weggenommen worden ist und die Anklage auf mangelhaften Beweisen basierten darf das Kind nach einigen traumatischen Wochen wieder nach Hause zurückkehren (Die Welt, 12. 9. 84).

Der totale Griff

Ein Gesetz, das diese Zustände sehr schnell auch nach Deutschland übertragen könnte, liegt der Bundesregierung schon seit vielen Jahren vor. Es ist nur noch nicht verabschiedet worden, da laufend Änderungsanträge bearbeitet werden müssen. Es handelt sich um den „Referentenentwurf des Jugendhilfegesetzes“ (RJHG).

Rein sachlich geht es um die Neuordnung der öffentlichen Familienhilfe und Jugendarbeit, die sicherlich auch nötig ist. Das jetzige, völlig unzureichende Jugendwohlfahrtsgesetz zeigt Mängel, die zu korrigieren sind. So geht es beispielsweise davon aus, daß der Staat erst dann in eine Familiensituation eingreifen müsse, wenn deutlich wird, daß Eltern ihr Kind vernachlässigen, und eine Verwahrlosung des Kindes droht. Öffentliche Hilfe kann demnach erst einsetzen, wenn bereits Schäden vorliegen.

Das will das neue Jugendhilfegesetz korrigieren. Es

will aber noch mehr: mit dem RJGH soll dem Staat das Recht eingeräumt werden, den Eltern verbindliche Ziele für die Erziehung ihrer Kinder vorzuschreiben. Wie diese Ziele aussehen werden, können Sie sich ausmalen.

„Es muß zu größter Wachsamkeit aufgerufen werden gegenüber allen Bestrebungen von Staat und Gesellschaft, die, über den Weg der Erziehung, den Menschen total in den Griff bekommen wollen." (25)

Vergiftung der Beziehungen

Ähnlich, wie wir es von Schweden kennen, werden bereits Kinder unter 14 Jahren laut RJHG aufgefordert, sich bei einem Konflikt mit den Eltern an die staatlichen Organe der Jugendhilfe zu wenden. So steht in dem Entwurf: „Die Anregung an den Träger der Jugendhilfe, tätig zu werden, kann von jedermann ausgehen, insbesondere auch von Kindern und Jugendlichen, die selbständig Fragen, Wünsche oder Beschwerden in allen Erziehungsproblemen an öffentliche und freie Träger der Jugendhilfe herantragen können."

Immanuel Lück warnt: „Damit wird alle Autorität der Eltern durch den Staat zerstört. Jede Gehorsamsforderung der Eltern gegenüber den Kindern kann abgewehrt werden. Die Organe der Jugendhilfe stehen grundsätzlich zwischen Eltern und Kindern. Das gegenseitige Mißtrauen wird gefördert, Kinder können ihre Eltern erpressen mit der Drohung, die Organe der Jugendhilfe anzurufen. Es droht die Auflösung der Familie als einer entscheidenden Institution unserer Kultur, die sich bisher gegenüber allen totalitären Ansprüchen des Staates als Ort der Freiheit und des vielfachen Widerstandes erwiesen hat." (26)

Nach Vollendung des 14. Lebensjahres soll es dem Jugendlichen gestattet sein, seine Eltern zu verlassen und eine eigenständige Position unabhängig von dem Willen der Eltern aufzubauen: „Das Gesetz gesteht dem Jugendlichen ab Vollendung des 14. Lebensjahres hinsichtlich der Hilfen zur Erziehung außerhalb der eigenen Familie eine eigenständige Position unabhängig vom Willen des Personenberechtigten zu" (RJHG, S. 29).

Immanuel Lück: „Bereits hier wird deutlich: das Ergebnis dieser Erziehung ist die Vergiftung der Beziehungen zwischen Eltern und ihren Kindern; Flucht vor der Realität oder Revolutionierung der persönlichen und gesellschaftlichen Verhältnisse." (27)

Nach Paragraph 70 (1) RJHG darf das Jugendamt einen Minderjährigen aus der Familie herausnehmen, wenn ihm Tatsachen bekannt werden, die die Annahme rechtfertigen, daß das Wohl des Kindes gefährdet ist. Bei einem entsprechenden Bericht, etwa von den Nachbarn, über ein ihrer Meinung nach auffälliges Verhalten eines Minderjährigen muß das Jugendamt dann von Amts wegen tätig werden.

Wer auffällt, gilt als therapiebedürftig. Es werden in der Hauptsache solche Kinder und Jugendlichen erfaßt werden, die ein den üblichen gesellschaftlichen Normen widersprechendes Verhalten zeigen.

In Anbetracht der gräßlichen Kindesmißhandlungen und Vernachlässigungen von Kindern bei Drogen- oder alkoholabhängigen Eltern ist es schon zu begrüßen, daß eingegriffen wird, bevor zu viel Schaden angerichtet wird. Aber es liegt auch nicht die Vermutung fern, daß Christen in einem zunehmend antichristlichen Staat bald in die Gruppe der „Verhaltensauffälligen" eingeordnet werden.

„Therapiebedürftige" Christen

Da folgt Ihr Kind vielleicht aufgrund seiner persönlichen christlichen Überzeugung dem üblichen Treiben in der Klasse nicht und zieht sich zurück. Schon kann es als „kontaktscheuer" und „therapiebedürftiger" Fall in staatliche „Obhut" genommen werden.

Als Eltern wollen Sie den biblischen Prinzipien in der Kindererziehung folgen. Die Bibel lehrt uns, daß in Situationen offener Rebellion gegen klar verstandene Regeln körperliche Züchtigung die richtige Maßnahme zur Verhaltenslenkung unserer Kinder sei. Das will man Ihnen, wie in Schweden, verbieten. Überhaupt sind Erziehungsziele wie Ordnung, Gehorsam, Fleiß, Höflichkeit, Glaube überholt, und wir christlichen Eltern schon lange nicht mehr qualifiziert, unsere „Elternrolle" wahrzunehmen.

Laut RJHG können Sie als Eltern genötigt werden, an Therapiegruppen und Erfahrungskursen teilzunehmen, damit Ihr Kind in Ihrer Betreuung bleiben kann. Denn das Gesetz sieht im Paragraph 25 eine „familienunterstützende Hilfe zur Erziehung" vor: „Die Förderung der Erziehung in der Familie und familienunterstützende Hilfe zur Erziehung sollen Eltern und andere Erziehungsberechtigte dabei unterstützen, ihr Recht auf Erziehung auszuüben und ihrer Erziehungsverantwortung gerecht zu werden."

Zur Emanzipation gezwungen

Nun, dies ist glücklicherweise noch Zukunftsmusik. Sollte aber dieser Referentenentwurf vom Bundestag verabschiedet werden, dann kann man wirklich von einer gesetzlich legitimierten Erziehungsdiktatur sprechen.

Schon heute leiden wir unter einer zunehmenden Unterwanderung des Erziehungswesens durch die neomarxistische Emanzipationsbewegung. Wachsame Lehrer und Eltern können allerdings ihre Kinder vor dem Gedankengut der linken Ideologen schützen, sie warnen und vorausinformieren. Erlangt das Jugendhilfegesetz allerdings einmal Gesetzeskraft, können Eltern und Kinder zur „Emanzipation" gezwungen werden.

Immanuel Lück bemerkt dazu: „Die Erziehungsdiktatur kommt nicht über Nacht. Dagegen dringt sie schrittweise in das Leben des einzelnen, der Familie und der verschiedensten Gruppierungen ein und ist infolgedessen um so schwerer erkennbar. Ihre Zielsetzungen werden heruntergespielt und verharmlost. Ihre Zielsetzungen werden mit der Notwendigkeit eines raschen Wandels der Gesellschaft begründet sowie mit dem Argument, dem Wohl des einzelnen zu dienen. Dabei werden die Freiheit der Entscheidung, die Freiheit des einzelnen und der vielen aber immer mehr eingegrenzt. Das ist die Tendenz." (28)

Die Schule – Hebel zur Gesellschaftsveränderung

Was ist mit der Schule los?

Die Klagen über das, was sich in den Schulen abspielt, mehren sich. Sie kommen von vielen Seiten.

Ausbilder klagen

Ausbilder in Firmen und Fabriken stöhnen über mangelnde Arbeitsmotivation, aufmüpfiges Verhalten und den geringen Bildungsstand der Schulabgänger. Die jungen Berufsanfänger bringen ein stümperhaftes Kulturwissen mit, und ihr Niveau in den mathematischen Grundkenntnissen und der Rechtschreibung ist katastrophal.

Mehrere Hamburger Betriebe ließen Haupt- und Realschüler sowie Abiturienten, die sich beworben hatten, Prüfungsarbeiten schreiben. Bei einem Diktat von eineinhalb Seiten machten über 50% der Schüler mehr als zehn Fehler. Drei Viertel der Schüler scheiterten an dem Wort „Container", fast ebensoviel an dem Wort „Volumen".

Eltern klagen

Auch die Liste der Beschwerden von Eltern ist endlos. Besonders wettern sie über die wachsende Vermassung in den Schulen. Lehrer, vor allem Fachlehrer, können dem einzelnen Schüler nicht mehr gerecht werden. Dazu kommen die langen Schulwege zu den neugeschaffenen Gesamtschulen, die Tausende von Schülern aller Schulstufen betreuen sollen und oftmals zu Brutstätten anonymer Gewalttätigkeiten und Zerstörungen werden.

Da ist auch die Sorge, daß übereifrige Lehrer ihre Machtposition ausspielen und Schüler politisch beeinflussen könnten. Während der Hoch-Zeit der Raketendiskussion im Herbst 1984 drangen skandalöse Ereignisse aus den Schulen nach draußen, die das sonst schon übliche Maß noch weit überschritten.

Ein Kunsterzieher ließ elfjährige Gymnasiasten zeichnen, wie ihr Wohnhaus nach der Zerstörung im Krieg aussehen würde. In anderen Schulen wurde mit den Kindern Sterben während eines Atomangriffes „gespielt". Eine schulische Autorenlesung in Wiesbaden entpuppte sich als politische Werbeveranstaltung der Grünen. Der Autor Anton-Andreas Guha zitierte dabei eine gute Stunde lang aus seinem Buch „Ende". Ein Werk, das in apokalyptischer Weise unterstellt, es würde zu einer kriegerischen Auseinandersetzung mit Atomwaffen kommen. Schreckensvisionen wurden beschwört, die den Kindern unter die Haut gehen sollten. Man braucht nicht viel Phantasie, um sich vorzustellen, welche Auswirkungen solche Äußerungen auf empfindsame Gemüter haben.

Lehrer klagen

Während linksorientierte Lehrer kumpelhaft die Sympathien der Schüler zu gewinnen suchen und sie gegen alles, was nach Autorität „riecht", aufhetzen, wird für „konservativ denkende" Lehrer das Klassenzimmer mehr und mehr zu einer Art Folterkammer. In vielen Klassen gleicht die Situation mittlerweile der in einem Raubtierkäfig, aus dem der Dompteur sein Heil nur noch in der Flucht suchen kann.

Die Wochenzeitung „Die Zeit" ließ vor einigen Monaten die Lehrerin einer Hamburger Grundschule zu Wort kommen. Die Pädagogin berichtet unter anderem von einer Kollegin, die einen Schüler der ersten Klasse höflich zu sich bat, weil er mit obszönen Ausdrücken eine kleine Mitschülerin beschimpft hatte. Doch der Dreikäsehoch schreit zurück: „Leck mich am A..., du alte Stinkf...!“ Darauf forderte die Lehrerin den Pöbler auf, den Klassenraum zu verlassen. Der stapfte geräuschvoll zur Tür, knallte sie hinter sich zu, riß sie dann aber wieder auf und brüllte die Lehrerin noch einmal an: „A...loch!“

Als eine Lehrerin einem Achtjährigen die Rechtschreibung verbessern will, lehnt der sich auf: „Ich kann schreiben, wie ich will!“ Oder, auf eine Ermahnung hin, ein anderer Schüler: „Sabbel mich nicht an!“

Zwar ereignen sich solche Fälle hauptsächlich mit Kindern aus dementsprechendem sozialem Milieu, doch auch Schüler aus den sogenannten „besseren“ Verhältnissen bringen ihre Lehrkräfte so weit, daß sie entnervt den Unterricht abbrechen. Selbst ganze Gymnasialklassen machen sich einen Sport daraus, bestimmte Lehrerinnen und Lehrer so lange mit raffinierten Methoden aus der Fassung zu bringen, bis diese weinend aus der Klasse flüchten.

Im Lehrerkollegium jedoch schweigen die Betroffenen, weil sie Angst haben, als Versager zu gelten. Die ganze Misere wird erst dann offenbar, wenn ein Kollege oder eine Kollegin dem Alkohol verfällt, zu randalieren beginnt oder irgendwann ausflippt. Manch ein Lehrer ist schon für Monate in eine psychiatrische Klinik verschwunden.

Schüler klagen

Nach der Zeugnisausgabe, am letzten Tag vor den Sommerferien, ziehen Hunderte von Schülern aus Haupt- und Realschulen, aus Gymnasien und Berufsschulen in die innerstädtischen Grünflächen und geben sich einem Trinkgelage hin. Ratlos gehen Erwachsene an den betrunkenen und grölenden Teenagern vorüber und können sich keinen Reim darauf machen.

„Raus aus den Schulen – den Bildungs-KZs der Gegenwart“, ist als Graffiti an einer Wand zu lesen.

Auf die Frage, warum sie sich so verhalten, kommen Antworten wie: „Der angestaute Frust muß raus“, „Alles vergessen“ und „Heute wollen wir ausflippen“. Polizisten stehen am Rand und wagen nicht, der johlenden Menge Einhalt zu gebieten. Sie beschränken sich darauf, die kindlichen Alkoholleichen von dem glassplitterübersäten Boden wegzutransportieren.

An den Früchten werdet ihr sie erkennen ...

Diese Aussagen Betroffener sprechen für sich. Sie charakterisieren eindrucksvoll die Frucht jahrelanger Bemühungen der „kritischen Theorie“, dem Hauptwerkzeug der emanzipierten Pädagogen der „Frankfurter Schule“.

Denken Sie nur nicht, dies sei eine neue Erkenntnis! Schon seit mehr als zehn Jahren gibt es aufklärende und warnende Stimmen gegen diese ideologische Bewegung, sowohl im säkularen als auch im christlichen Bereich. Da ist der Soziologe Helmut Schoeck mit seinem aufrüttelnden Buch „Schülermanipulation“ oder der Pädagoge Immanuel Lück mit „Alarm um die Schule“. Weitere Hinweise gebe ich in dem Literaturnachweis am Schluß des Buches.

„Eine Überzeugung ist all diesen Veröffentlichungen – bei im einzelnen unterschiedlichen Ansatzpunkten – gemeinsam: die immer häufiger gemeldeten skandalösen Vorkommnisse im Schulunterricht sind keineswegs nur auf Entgleisungen einzelner unverantwortlicher Lehrer zurückzuführen oder auf Vernachlässigung ihrer Aufsichtspflicht seitens übergeordneter Instanzen – von der Schulleitung bis zum Kultusminister. Vielmehr haben wir es zu tun mit einer groß angelegten Strategie einer wachsenden politischen Bewegung von Pädagogen, welche die Schule zum Instrument der Durchsetzung ihrer ideologischen Utopie zu machen wünschen.“ (29)

Wissensdefizit bei Christen

Mich erstaunt es, daß trotz ausgezeichneter, informativer christlicher Literatur in den Gemeinden nur ein minimales Wissen und Interesse anzutreffen ist. Und Reaktionen sind fast gar nicht zu verzeichnen.

„Bei der Beschäftigung mit der Frankfurter Schule stoßen wir auf ein großes Defizit der Christen in unserem Land. Nur sehr wenige haben sich die Mühe gemacht und die „kritische Theorie“ studiert. Ein Mitarbeiter des Evangeliumsrundfunks sagte mir: ‚Evangelisten haben wir genug, aber wer setzt sich schon mit den Ideologien unserer Zeit auseinander und versucht eine Antwort auf diese Herausforderungen zu geben?‘ Wir sind als Christen dringend aufgerufen, uns mit den Wurzeln, Methoden und Zielen der neomarxistischen Bewegung zu beschäftigen!“ (30)

Wir müssen schon deswegen darüber Bescheid wissen, weil sie gerade uns Christen an den Kragen wollen: sie versuchen bewußt, unsere Familien zu zerstören, und wollen die Seelen unserer Kinder rauben.

Da es schon eine Reihe guter Veröffentlichungen zu diesem Thema gibt, möchte ich zum weiteren Studium auf sie hinweisen und hier lediglich eine Zusammenfassung geben, die insbesondere die Familie im Verhältnis zur Schule betrifft.

Schulbücher unter der Lupe

Eine Untersuchung von Prof. Dr. Hennig Günther und Rudolf Willeke hat ein aufklärendes Licht auf die Entwicklung des Schulbuchmarktes der letzten Jahre geworfen. (31) Sie nahmen sämtliche ca. 500 im Schuljahr 1980/81 an westdeutschen Schulen zugelassenen Deutsch-, Politik- und Religionsbücher unter die Lupe. Das Ergebnis verdeutlicht den Grad des Einflusses der

„kritischen Theorie" in der Schule: drei von vier Schulbüchern zeigen den Schülern eine kaputte Welt!

Das sieht im einzelnen so aus:

- Kritik an der Familie:
  60% der Religionsbücher
  40% der Deutschbücher
  40% der Politikbücher

- Kritik an der demokratischen Gesellschaft:
  80% der Deutschbücher
  66% der Politikbücher
  55% der Religionsbücher

- Publikation des Freudschen bzw. marxistischen Menschenbildes:
  71% der Politikbücher
  66% der Deutschbücher
  40% der Religionsbücher

Schaut man sich die Erscheinungsjahre der Schulbücher an, so wird nach 1968 eine deutliche Zäsur sichtbar. In früheren Büchern sind Sozial- und Familienkritik kaum vorhanden; das „emanzipatorische" Menschenbild und die feindliche Einstellung gegenüber dem Christentum fehlen. Natürlich sind die älteren Schulbücher nach wie vor genehmigt, aber sie werden immer seltener aufgelegt. Die „emanzipatorischen" Schulbücher werden eindeutig häufiger benutzt.

Bei den neuen Schulbüchern sind gewisse Wellen zu beobachten. Zunächst dominieren nach dem Bruch von 1968 die sozialkritischen (letztlich marxistisch orientierten) Bücher und die christentumsfeindlichen Schriften. In den letzten fünf Jahren sind diese Tendenzen zurückgegangen, dafür ist aber die Kritik an der Familie(!) in den Vordergrund gerückt.

Hauptkampfplatz Schule

Wir wissen, daß die Schule den jungen Menschen wie kaum ein zweites Ereignis in seinem Leben prägt. Neben dem Wort des Lehrers übt vor allem das Schulbuch einen großen Einfluß aus. Sein Inhalt muß gelernt werden, will der Schüler bestehen und nicht scheitern.

Zur Zeit unterrichten in der Bundesrepublik ca. 375 000 Lehrer etwa 11 Millionen Schüler. Ein erfolgreiches Schulbuch erreicht ca. 100 000 junge Menschen pro Schuljahr. Das ist eine beachtliche Zahl.

Wer seine Gedanken über Schulbücher verbreiten kann, hat eine kaum wiederholbare Beeinflussungsmöglichkeit und einen enormen Multiplikationseffekt, und dies alles unter dem staatlichen Segen der Kultusbehörden. So ist das Erziehungswesen zum Hauptkampfplatz für die „neue Linke“ geworden. Die Schlüsselposition haben die Schulbücher eingenommen! Besonders in den Meinungsfächern – also Deutsch, Sozialkunde und Religion – wird inzwischen ganz ungeniert einseitig ideologisiert.

Wenn Sie aufmerksam die Schulbücher Ihrer Kinder durchblättern, dann fallen Ihnen sicherlich ziemlich schnell die Themen bzw. Angriffsschwerpunkte auf: es sind vor allem die Themen Familie, Glaube, Sexualität, Arbeitswelt und Gesellschaft.

Angriffspunkt Familie

Nachdem ich selbst vor einigen Jahren auf die Tendenzen in Schulbüchern aufmerksam gemacht wurde, nahm ich mir erst einmal die Bücher meiner Kinder vor und blätterte sie durch. Bis dahin hatte ich mich wenig um ihr Schulmaterial gekümmert.

Gleich auf den ersten Seiten des „Welt und Umweltkundebuches“ für die 5. Klassen wurde ich fündig. Da prangte doch tatsächlich ein großer Zeitungsartikel über einen Jungen, der Selbstmord begangen hatte: „Fünf in Mathe – Schüler erschoß sich." Dazu zwei Arbeitsfragen: „Schildere die Reaktion eines Vaters auf eine schlechte Zensur seines Kindes" und „Stellt ein vernünftiges Verhalten der Eltern im Rollenspiel dar."

Aufgrund meiner eigenen Lehrertätigkeit vermute ich, daß viele Lehrer dieses Thema nur streifen werden und zu anderen Unterrichtseinheiten übergehen. Aber nicht so ein emanzipierter Pädagoge: für ihn wird es ein willkommener Anlaß sein, anhand eines Klassengespräches in der Privatsphäre von Familien herumzuschnüffeln. Mit der einleitenden Frage: „Wie ist es denn bei euch zu Hause?" wird er echte oder auch nur angebliche Konflikte in den Familien der Schüler ansprechen. Er wird einzelne Kinder bloßstellen und mit Rollenspielen brutales und liebloses Verhalten von Eltern in den Mittelpunkt stellen, um so ihre Position herabzusetzen und lächerlich zu machen.

„Durch konsequente Beeinflussung, die um so wirksamer ist, je behutsamer, aber stetiger sie betrieben wird, entwickelt das Kind nun eine zunehmend kritischere Haltung gegenüber seinen Eltern und Erziehern. Die Unzufriedenheit mit seiner abhängigen Lage wird geschürt, und es kommt allmählich zu einer Lockerung bzw. Auflösung der familiären Gefühlsbindungen. Nun ist die innere Voraussetzung dafür geschaffen, der Autorität der Eltern abzusagen und die von ihnen vermittelten Werte abzustreifen. Die äußere Trennung vom Elternhaus ist dann nur noch die letzte logische Konsequenz. Aber entsprechend der sozialistischen Ausrichtung der Konfliktpädagogik führt sie nicht etwa zur Individualisierung. Vielmehr soll sich der junge Mensch nun in neue, ideologisch geschwängerte Gemeinschaftsformen wie Kommune, Zelle oder Basisgemeinschaft eingliedern." (32)

Mehr als 40 Prozent der Schulbücher schildern die Familie als einen negativen Aspekt unserer Wirklichkeit, weil die Familienstruktur angeblich autoritär ist. Der strenge Vater erscheint als „Oberaffe“, die Familie als „Gefängnis“ und das Kindsein als „mies“.

Ein Gedicht von Susanne Kilian, entnommen einem Religionsbuch für die Grundschule, verdeutlicht diese niederreißende Tendenz:

Kindsein ist süß (33)

Tu dies! Tu das!
Und dieses laß!
Beeil dich doch!
Heb die Füße hoch!
Sitz nicht krumm!
Mein Gott, bist du dumm!
Stopfs nicht in dich rein!

Nie wird sich gebückt!
Schon wieder 'ne Vier!
Hol doch endlich Bier!
Sau dich nicht so ein!
Das schaffst du allein!
Mach dich nicht so breit!
Hab jetzt keine Zeit!

Laß das Singen sein!
Du kannst dich nur mopsen!
Hör auf zu hopsen!
Du machst mich verrückt!

Laß das Geklecker!
Fall mir nicht auf den Wecker!
Mach die Tür leise zu!
Laß mich in Ruh!

Kindsein ist süß!
Kindsein ist mies!

Oder ein Text aus dem Arbeitsbuch der Lesarten von Hans Adolf Halbey:

Wenn die Mama morgens schreit:
Aufstehn, Kinder, höchste Zeit! –
sagt ein richtig braves Kind:
Die spinnt!

Zähneputzen, frische Socken
und zum Frühstück Haferflocken,
Vaters Sprüche: Das macht stark! –
alles Quark!

Wer am Morgen ohne Schimpfen,
Fluchen, Stinken, Naserümpfen
etwa brav zur Schule geht –
der ist blöd.

Lärmen, prügeln, Türen knallen,
allen auf die Nerven fallen,
grunzen, quieken wie ein Schwein –
das ist fein!

Rülpsen, Spucken, Nasebohren,
Nägel kauen, schwarze Ohren,
schlimme Worte jede Masse –
Klasse!

Und wenn Papa abends droht:
Schluß mit Fernsehn, Abendbrot! –
schreit doch jedes Kind im Haus!
Raus!

Trotzdem:
Kinder, schützt eure Eltern!

Solche Texte sind keine Seltenheit, sondern finden sich so oder in anderer Form in fast allen Schulbüchern. Mittels rhythmischer Verse werden den Kindern Verachtungs-

und Haßgefühle schon früh eingebleut. Das liegt ganz im Sinne der „neuen Linken“: denn eine Familie, in der Liebe und Geborgenheit herrschen, hemmt die Herausbildung des revolutionären Subjekts.

Umgangsformen, auf die christliche Eltern großen Wert legen, wie Achtung, Respekt, Rücksichtnahme, Mithilfe, Höflichkeit, Gehorsam u. a. werden durch Schulbuchtexte systematisch hinterfragt und unterwandert.

Zum Beispiel nimmt die Gossensprache im Unterricht einen immer breiteren Raum ein und findet zunehmend Berücksichtigung im Sprachunterricht. Da Schimpfwörter in vielen Familien tabu sind, sollen die Kinder von diesem gesellschaftlichen Zwang befreit, ihr Grundbedürfnis soll wieder freigelegt werden.

Ein Lehrerband formuliert es so: „Schimpfwörter sind Teil der Umgangssprache und dienen der affektiven Entlastung des einzelnen. Es ist nötig, daß Kinder diese wichtige Funktion des seelischen Dampfablassens und Entrümpelns erkennen, damit sie die Schimpfwörter künftig ohne schlechtes Gewissen verwenden.“ (34)

In Schulbüchern werden Eltern mit Vorliebe lieblos und hart gezeigt, als Menschen, die nur an sich denken und ihre Kinder unterdrücken. Berichte über Kindesmißhandlungen werden bewußt aufgenommen, und so entsteht der Eindruck daß die Mehrzahl der Eltern sich so verhält. Die Welt der Kinder wird in düsteren Farben gemalt. Sie sind es, die ihre Rechte erkämpfen müssen. Ziel der ganzen Aktion ist ein Mißtrauen gegenüber dem Elternhaus und ein ständiges Hinterfragen und Reflektieren, ob auch ja die eigenen berechtigten Ansprüche nicht zu kurz kommen.

Schon in den Lesewerken der ersten Klasse wird der Grund für die „Erkenntnis“ gelegt, daß Junge- bzw. Mädchensein nur Ergebnis der Erziehung sei. Nach Auffassung der modernen Pädagogen muß der Vorstellung einer wesensmäßigen Bestimmtheit von Mann und Frau entgegengearbeitet werden.

„Dem Mädchen bzw. Jungen soll bewußt gemacht werden, daß sein Mädchen- oder Jungesein das Ergebnis von Fremdbestimmung sei, manipuliert durch Spielzeug, Spiele, Bekleidung und bestimmte elterliche Erwartungen. Diese Erwartungen werden dem Kind als Zwänge dargestellt, aus denen es sich zu befreien gelte. Die Rolle des Mädchens, der Frau scheint besonders revisionsbedürftig zu sein, da sich die Frau in der heutigen Gesellschaft immer noch nicht voll emanzipiert habe. Besonders das Hausfrau- und Mutterdasein unterliegt der Kritik." (35)

Vor allem in höheren Altersstufen werden den Schülern Texte vorgelegt, die Ehe und Familie überhaupt in Frage stellen und in denen als Alternative vielfach wechselnde Partnerbeziehungen, Wohngemeinschaften oder Kommunen aufgezeigt werden.

Angriffspunkt Sexualität

Ende der 60er Jahre wurde in der Bundesrepublik die bis dahin geltende „behütende" Sexualerziehung aufgegeben. Von liberalen Pädagogen wurde die sogenannte „positive Geschlechtserziehung" in den Mittelpunkt gestellt.

Inzwischen wissen wir, was sich hinter diesem Begriff verbirgt. Die natürlichen und durch die elterliche Erziehung bestätigten sittlichen Hemmungen, also das Schamgefühl, sollen abgebaut werden. Dagegen wird alles, was sich zum sexuellen Lustgewinn eignet, dem Kind gelehrt: Selbstbefriedigung, Homosexualität, Lesbismus, vorehelicher Geschlechtsverkehr, Sodomie und sogar Inzest.

Und das nicht nur theoretisch, sondern auch praktisch. So philosophiert der Erziehungswissenschaftler H.-J. Gamm, die Schule könne ihrer Aufgabe der Sexualerziehung nur dann gerecht werden, wenn sie Freiräume schaffe, in denen die Schüler ungestört erotische Beziehungen praktizieren könnten. (36)

In einer sexualkundlichen Unterrichtsreihe für den Deutschunterricht wird die Familie als eine Sexualgemeinschaft aller gedeutet. Die Verfasser gehen davon aus, „daß Sexualgemeinschaft nicht nur die Beziehungen zwischen Vater und Mutter erfaßt, sondern auch die Beziehungen zwischen Eltern und Kindern und zwischen den Kindern einschließt." (37)

Ein Buch, das von der „Bundeszentrale für gesundheitliche Aufklärung" in Köln für die Sexualerziehung in der Schule empfohlen wird, ist das von B. H. Clässon, das unter dem Titel „Sexualinformation für Jugendliche" erschienen ist. In ihm wird geschlechtlicher Umgang des Menschen mit Tieren als völlig normal hingestellt: „Mißhandelt man das Tier nicht, ist die Befriedigung des Geschlechtstriebes auf diese Weise erlaubt."

Alles das, was die Bibel (3. Mose 20) unmißverständlich als Greuelsünden bezeichnet, wird unseren Kindern heute in manchen Schulen als erlaubte Umgangsformen beigebracht.

Wir wissen, daß viele Eltern in der Vergangenheit aus Unbeholfenheit oder auch aus einem übertriebenen Schamgefühl der Verantwortung nicht gerecht geworden sind, ihre Kinder geschlechtlich aufzuklären. Da ist es sicher hilfreich, wenn verantwortungsbewußte Lehrer Eltern in ihrer Aufgabe unterstützen. Und so geschieht es ja auch in vielen Schulen.

Aber, was von den oben zitierten Pädagogen gefordert wird, dient nicht dem Wohl des Kindes, sondern entspringt dem ideologischen Verlangen irregeleiteter Kulturrevolutionäre, deren Sicht noch einmal so zusammengefaßt werden kann: „Ehe und Familie erzeuge angepaßte Menschen, da sie für freie Sexualität keinen Raum habe. Der Mensch müsse auf die Befriedigung seiner sexuellen Bedürfnisse von früh auf verzichten und würde so die Persönlichkeitsstrukturen der Untertanen in sich aufbauen, die wiederum für das Fortbestehen der kapitalistischen Herrschaft, für den gegenwärtigen Arbeitsprozeß notwendig seien. Indem man nun für eine Sexualität plädiert, die ihren Sinn vor allem in Spaß- und Lustgewinn sieht, werde ihre Bindung an Liebe verhindert und die Eheschließung und Familienbildung zurückgedrängt. Mit der Auflösung dieser Institutionen wäre ein entscheidender Schritt getan, um die gegenwärtige Gesellschaftsordnung zu Fall zu bringen." (38)

Zur Verwirklichung dieses Ziels haben sich seit 1971 die Aufführungen verschiedener „Aufklärungsstücke" bewährt. Am bekanntesten ist das für Kinder im Grundschulalter verfaßte Spiel „Darüber spricht man nicht", aufgeführt von dem Berliner Theaterkollektiv „Rote Grütze". Diesem folgt ein Stück für Teenager ab dreizehn: „Was heißt'n hier Liebe". Ein Stück, das von vielen Schulen und Jugendämtern empfohlen wird.

Im ersten Spiel werden Eltern und Polizisten als Feinde der Geschlechtsfreude verhöhnt. Die beiden Autoren Benedix und Knütter beschreiben das Kinderstück wie folgt:

„In einer Zeitspanne von 90 Minuten werden die Kinder erbarmungslos zum Thema Sexualität ‚informiert'. Geschlechtsorgane und Geschlechtsverkehr werden mit Gassenausdrücken bezeichnet. Der Trend, der sich durch das ganze Stück zieht, ist gekennzeichnet durch die These: Was Spaß macht, ist erlaubt. Es erscheint zum Beispiel ein Pärchen, das sich umarmt, küßt und streichelt und sich dann auf den Boden legt. Die Kinder singen ‚Ei, ei, was seh' ich da, ein verliebtes Ehepaar'." Darauf rufen die Schauspieler den Kindern entgegen: ‚Aber wir sind ja gar nicht verheiratet. Muß man denn verheiratet sein, wenn man zusammen schmusen will und ...' (es folgt der Gassenausdruck für Geschlechtsverkehr)? ‚Wer ist dafür, daß man nicht verheiratet sein muß?' Laut Regel gehen die meisten Hände hoch." (39)

Die Früchte einer solchen Sexualerziehung sind verheerend. Das schwedische Gesundheitsministerium veröffentlichte zum Beispiel nach 20jähriger Sexualerziehung folgende Statistik:

Es nahmen zu:
a) Die Schwangerschaften bei Mädchen unter 14 Jahren um 900%
b) Die Abtreibungen bei Mädchen unter 15 Jahren um 260%
c) Die Geschlechtskrankheiten bei Kindern unter 14 Jahren um 900%
d) Die Jugendkriminalität um 900% (40)

Sol Gordon, einer der führenden Experten auf dem Gebiet der Sexualerziehung, stellte fest: „Die sexuellen Aktivitäten unserer Teenager haben ein Ausmaß erreicht, das einer nationalen Tragödie gleichkommt."

„Leider haben die Bemühungen zahlreicher Elterninitiativen, unter Berufung auf die grundgesetzlich verankerte Menschenwürde und die Gewissensfreiheit die Gerichte zum Einschreiten gegen die Zwangssexualisierung durch die Schulen zu bewegen, nur begrenzten Erfolg gebracht. Das aufgrund einer Hamburger Elternklage am 21. Dezember 1977 erfolgte Urteil des Bundesverfassungsgerichtshofes in Karlsruhe erklärte die Sexualerziehung für verfassungskonform, forderte aber eine ‚wertfreie' Vermittlung der biologischen Sexualfakten. Es wird alles darauf ankommen, bei der nun bevorstehenden gesetzlichen Regelung durch die einzelnen Bundesländer dem Urteil eine möglichst enge Auslegung zu geben und das Prinzip der Gewissensfreiheit – also die Möglichkeit der Befreiung von der Sexualerziehung aus religiöser Überzeugung – sicherzustellen." (41)

Angriffspunkt Arbeitswelt

Stille Nacht, heilige Nacht.
Falscher Trost. Oh, wie lacht
der Direktor mit randvollem Mund
singt uns gnädig
zu göttlicher Stund:
Arbeitsfriede auf Erden –
Wir fallen wieder darauf rein …

Stille Nacht, heilige Nacht
Lichterbaum angemacht
Und ein liebliches Liedlein gesingt
und ein Eierlikörchen getrinkt
Und die Kindlein geprügelt
bis sie hübsch andächtig sind …

Wilde Nacht, streikende Nacht!
Eines Tages nicht ganz sacht
Pfeifen wir auf die Gnade des Herrn,
übernehmen wir mal den Konzern
und die Führung im Staat
Das wird ein Weihnachtsfest wer'n. (42)

In zahlreichen neuen Schulbüchern wird die Arbeitswelt pauschal als Ort der Ausbeutung, der Überforderung, der Öde und Langeweile dargestellt, wie auch in dem zitierten Text für 11- bis 16jährige Schüler.

Der pauschale Angriff ist nur zu verständlich. Denn die relative Zufriedenheit der Arbeiterschaft im kapitalistischen System ist eins der Probleme, mit dem sich die neomarxistische Theorie auseinandersetzen muß. So bemühte sie sich folgerichtig, die Arbeitswelt als eine Stätte der Entfremdung und Ausbeutung darzustellen und eine Kluft zwischen Arbeitgebern und Arbeitnehmern aufzubauen. Und das nach dem bekannten Strickmuster: reich =

schlecht und ausbeuterisch; arm = gut, muß sich wehren!

Nach einer Untersuchung einer Reihe von Lesestücken für Schüler kommt Helmut Schoeck zu dem Urteil: „Die einzig zumutbare Gesellschaft, so soll es der Schüler auffassen, ist eine, worin niemand arbeiten muß, wenn es ihm nicht ungetrübt Spaß macht, und schon gar nicht für andere. Die Schüler sollen das Gefühl bekommen, in einer Gesellschaft aufzuwachsen, wo fast jede für sie in Frage kommende Arbeit nur ein Fluch ist. Kein Wort, kein Beispiel, kein Beruf, kein Arbeitsplatz in dieser Folge von Lesestücken deutet an, daß Menschen oft auch einer schlichten, in den Augen anderer wenig interessanten Tätigkeit ein positives Erlebnis abgewinnen: man hat etwas richtig und ordentlich getan." (43)

Angriffspunkt Gesellschaft

Die emanzipatorische Erziehung will den Menschen befreien. Das macht sie dem Schüler auf Anhieb sympathisch. Der Mensch soll sich Zwängen nicht mehr unterordnen, er soll sich auch nicht mehr manipulieren lassen.

Als Ziel dieser Emanzipation werden lauter Zustände genannt, die unmittelbar gefällig wirken: mündig sein, Selbstbestimmung, Selbstverwirklichung, Kreativität, Entfaltung der eigenen Möglichkeiten, Solidarität, Menschlichkeit und andere schöne Dinge.

Der Schüler saugt die Schlagworte begierig auf, und er fragt: „Woran liegt es eigentlich, daß ich das nicht alles sein kann, was ich gern sein möchte?" Die Antwort wird gleich mitgeliefert: „Es ist eben diese (kapitalistische) Gesellschaft, die dir das alles nicht gönnt. Wenn du aber dieses ‚System' beseitigst, dann wird alles gut."

So gehört zum Arbeitsprinzip der emanzipatorischen Erziehung vor allem die Kritik. Alles muß in Frage gestellt werden, Jugendliche müssen permanent mißtrauisch werden. Aus diesen Grund wird das Bild der Gegenwart bewußt düster gehalten. Die Wirklichkeit wird vor allem schrecklich dargestellt: Lieblosigkeit, Krankheit, Ungerechtigkeit, Abnormales. Nach dem Motto: So will doch niemand weiterleben! Es wird Zeit, eine neue Gesellschaft zu etablieren!

Was können wir da noch tun?

Diesen ideologischen Herausforderungen zu begegnen, wird nicht leicht sein. Vor allem bei Teenagern, die für sich das Recht beanspruchen, ihr Leben zunehmend eigenständiger zu gestalten. Da mag es manchen Eltern unheimlich werden. Mit zwei oder drei „Patentrezepten" ist die Sache auch nicht getan.

Elterliche Reaktionen können nur wirksam sein, wenn das gesamte Zusammenleben und der gedankliche Austausch der Familie neu belebt werden. Angesichts der großen Bedrohungen fällt dem Familien- und Gemeindeleben eine wachsende Bedeutung zu. Der Teenager muß seine Lebensideale zunehmend in diesen Bereichen finden.

Strategie für den Schulalltag

Bevor ich in einem späteren Kapitel des Buches auf Hilfen näher eingehe, hier schon einige Hinweise für den Schulalltag, wie sie unter anderem auch Immanuel Lück und Helmut Schoeck in ihren Publikationen an Eltern weitergeben:

– Sie sollten aufmerksam die Schulbücher Ihrer Kinder durchsehen und Ihre Söhne und Töchter nach den Unterrichtsinhalten befragen. Es ist sowieso wichtig, daß Sie über alle schulischen Dinge zwanglos miteinander im Gespräch sind. So können Sie schnell heraushören, ob der Unterricht an der jeweiligen Schule schon neomarxistisch eingefärbt ist und ob Reaktionen erforderlich sind.

– Gegebenenfalls wird es notwendig sein, mit dem Lehrer Kontakt aufzunehmen, um ihm klarzumachen, daß

Sie seinen Unterrichtsstil und die Inhalte nicht tolerieren können. Vielfach hilft schon allein solch ein Gespräch, um den Lehrer auf einen sanfteren Kurs zu drängen.

– Ihre Verantwortung sollte Sie veranlassen, in der Elternarbeit der Schulen mitzuwirken. Lassen Sie sich als Klassenelternsprecher aufstellen, arbeiten Sie in den Fachbereichen und im Schulelternrat mit. Dort haben sie sogar die Möglichkeit, über die Neuanschaffung von Schulbüchern mitzubestimmen. Das kann natürlich ein steiniger Weg werden, aber Sie sollten nichts unversucht lassen.

– Wenn sie bei Ihren Bemühungen um einen ideologiefreien Unterricht bei der Schule und den Lehrern auf verhärtete Fronten stoßen, sollten Sie auch nicht vor der Beteiligung an entsprechenden Protestaktionen zurückschrecken. Möglicherweise müssen Sie diese selbst ins Leben rufen. Auf diesem Weg können Lehrer und Elternverbände ebenso an ihre Verantwortung erinnert werden wie staatliche und kirchliche Stellen.

– Sie sollten Ihre Kinder über die Manipulationsschemata vorab informieren und aufklären, so daß sie in der Schule auf geeignete Weise reagieren und sich schützen können.

– Führen Sie zu Hause ein neues Spiel ein: „Rate mal, wer wen manipuliert!“ Am besten ist es, Sie lassen Ihr Kind mit Hilfe einiger Hinweise selbst herausfinden, wie es im neuen Schulbuch manipuliert werden soll. Eltern sollten das Schulbuch mit dem Kind auf die wichtigsten Manipulationsschritte hin bereits durchgegangen sein, bevor der Lehrer damit anfängt.

– Das gilt besonders für Lehrinhalte, die unserer christlichen Weltanschauung widersprechen, wie zum Beispiel die Evolution oder die geschlechtliche Aufklärung. Seien Sie dem Lehrer mit der richtigen christlichen Unterweisung immer um eine Nasenlänge voraus, so daß Ihr Kind zuerst das Richtige hört, bevor es das Falsche gelehrt wird.

Dies sind alles äußere Maßnahmen, die ergriffen werden sollten, um ein Kind auf eventuelle schulische Manipulationen vorzubereiten und während der Schulzeit auf einem christlichen Weg zu bewahren. Aber sie reichen leider nicht aus.

Ergänzend dazu müssen wir darauf achten, daß genau da, wo die kindliche Seele vergiftet werden soll, in unserem familiären Zusammenleben positive Gegenwerte gesetzt werden. Wir stehen in einem geistlichen Kampf; darum vergessen Sie nicht, täglich für Ihr Kind zu beten und es unter den Schutz Gottes zu stellen.

Wird in Geschichten und Reimen die Familie verspottet, kann dies Ihr Kind nicht beeinflussen, wenn es in einer herzlichen Gemeinschaft mit Ihnen und seinen Geschwistern lebt.

Wird der Vater als autoritärer Tyrann vorgestellt, bleibt bei ihrem Kind trotzdem ein positives Vaterbild erhalten, wenn es erfahren hat, daß sein Vater zwar Ungehörigkeit nicht durchgehen läßt, aber immer aus aufrichtiger Liebe heraus handelt.

Will ein Lehrer den christlichen Glauben lächerlich machen, sagt sich Ihr Kind: „Was redet der eigentlich? Was ich mit Jesus erlebt habe, kann mir niemand rauben!" Wenn Sie nämlich ein erfülltes Leben in der Nachfolge Jesu führen und so Ihrem Kind ein gutes Vorbild geworden sind, wird es sich nicht verunsichern lassen.

Bevor die geschlechtliche Beziehung von Mann und Frau in den Schmutz gezogen und falsches Sexualverhalten gelehrt wird, sollten Sie sich die Mühe gemacht haben, ihrem Kind vom Kleinkindalter an in ganz natürlicher Weise die geschlechtlichen Dinge zu erläutern, so wie die Bibel es sagt.

Wenn Ihr Kind von Beginn an Freude gelernt hat an Beschäftigung, Kreativität und auch harter Arbeit auf dem häuslichen Grundstück, dann wird eine Miesmacherei der Berufswelt und das Schüren einer Null Bock-mentalität es nur verwundern. Es weiß sich zu beschäftigen.

Bevor der Haß auf Reiche und auf die ausbeuterische Gesellschaft gepredigt wird, sollte sich Ihr Kind – orientiert am Vorbild der Eltern – schon den christlichen Lebensstil zu eigen gemacht haben, der Gott als Eigentümer allen Besitzes anerkennt. Es sollte gelernt haben, regelmäßig den Zehnten zu geben und eine offene Hand für alle Bedürftigen zu haben.

Sie sehen, es wird ein ganz neues Engagement von Ihnen erwartet. Aber mit diesem Engagement werden Sie es schaffen, Ihr Kind tatsächlich vor schädigenden Einflüssen zu bewahren und zu einem eigenverantwortlichen Leben vor Gott zu führen.

Auf der Suche nach Alternativen

Verunsichert durch Schreckensmeldungen über staatliche Schulen, halten immer mehr Eltern nach Privatschulen Ausschau. Aber davon gibt es in Deutschland noch nicht so viele.

Sie finden einmal die Internate, von denen man den Eindruck hat, sie seien eine vornehme „Abschiebehaft" für Kinder gehobener Gesellschaftsschichten.

Dann gibt es noch die „Jugenddorf-Christophorusschulen", die dem „Christlichen Jugenddorfwerk Deutschlands" (CJD) angeschlossen sind. Mit über 100 pädagogischen Einrichtungen ist das CJD das größte freie Bildungs- und Ausbildungswerk der Bundesrepublik Deutschland. Sie verstehen sich als eine christliche Schule. In ihrem Schulprogramm können Sie lesen: „Eine Erziehung ohne gültige Werte ist für uns nicht denkbar. Der Maßstab, den wir anlegen, liegt im christlichen Glauben, und das Leitbild, nach dem wir denken und zu handeln bemüht sind, ist Jesus Christus. So entnehmen wir unsere Erziehungsziele dem Neuen Testament: Verzeihen können, Hilfsbereitschaft, Wahrheit, Nächstenliebe, Friede, Toleranz ..."

Sind Waldorfschulen christlich?

Ein anderer Schultyp gewinnt in der letzten Zeit immer stärkere Beachtung. Es sind die Waldorfschulen. Sie sind für viele Eltern zu einer Alternative des staatlichen Schulwesens geworden. Ihr Unterrichtsstil erscheint auf den ersten Blick recht sympatisch: Lernen ohne Leistungsdruck, ganzheitliche Erziehung, keine „linkslastige" Indoktrination, Bemühen auch um schwachbegabte und schwierige Kinder, höchstes pädagogisches Engagement der Lehrer, Schüler aus intakten und ums Kind bemühten Familien mit angenehmem Milieu.

Das klingt auch für christliche Eltern verlockend. Doch Vorsicht ist geboten: die Waldorfschule ist ohne die Anthroposophie Rudolf Steiners nicht zu verstehen. Sie ist die „Religion" der sehr ums Kind bemühten Lehrer und bildet den geistigen Hintergrund der Unterrichtsinhalte.

Die von Rudolf Steiner begründete Anthroposophie ist eine okkulte Philosophie: ein Gemisch aus christlichem, buddhistischem, neuplatonischem, indischem und spiritistischem Gedankengut.

Auch wenn biblische Ausdrücke erwähnt werden, hat seine Philosphie nichts mit dem christlichen Glauben gemeinsam; sie ist sogar antichristlich. So leugnet Steiner das biblische Menschbild; für ihn ist der Mensch göttlich und gut und steht unter einem Gesetz von Karma und der Reinkarnation (Wiederverkörperung).

Steiner spricht von zwei Jesusknaben; der eine stelle eine Reinkarnation Zarathustras, eine hochentwickelte Person dar, der andere sei der wiederverkörperte Buddha-Geist. Im zwölften Lebensjahr vereinigten sich beide. Für ihn ist Christus der „hohe Sonnengeist“, der seit Urzeiten das Menschengeschlecht begleitet und auf immer neue Weise begnadet hat.

Steiner lehnt auch Gottes Offenbarung ab und macht dafür das Hellsehen in der Tiefe des Ichs zum Maßstab: „Wir müssen daran erinnern, daß für die Geisteswissenschaft nicht im eigentlichen Sinne die Evangelien Quellen der Erkenntnis sind. Was in den Evangelien steht, muß durchaus noch nicht eine Wahrheit sein ...“

Traugott Kögler, ein engagierter, häufig zu diesem Thema befragter Pädagoge, kommt in einer kritischen Analyse der Waldorfpädagogik zu folgendem Urteil: „In der Waldorfschule werden die Kinder und Jugendlichen in weiten Teilen des Unterrichts mit einer anthroposophisch gefärbten Anschauung von Mensch und Natur, von Welt und Geist, von Kunst und Religion bekannt gemacht, die deutlich der biblischen Offenbarung widerspricht. Sie werden zwar nicht in anthroposophische Lehren für Fortgeschrittene eingeführt, aber doch mit den Anfängen dieser Gedankenwelt vertraut gemacht, so daß die Schüler zur späteren Aufnahme der Anthroposophie geöffnet und vorbereitet sind. Diese Absicht wird auch mehr oder weniger direkt so formuliert. Das Fach Eurythmie ist ganz und gar anthroposophisch begründet, ja, mystisch-heidnisch-religiösen Ursprungs. (Eurythmie ist eine Art Tanz, der den Gleichklang des Menschen mit den Rhythmen des Kosmos herstellen soll.)

Die Art der Erziehung und der Unterrichtsgestaltung, das ganze Schulleben und das Engagement der Lehrer sind durchdrungen vom Christus-Impuls Rudolf Steiners, von jener eigentümlichen, dem biblischen Glauben ganz zuwiderlaufenden Christlichkeit ... Die Schüler werden so zu einer Christlichkeit angeleitet, die – wir müssen es noch einmal hervorheben – in deutlichem Gegensatz zu einem allein an das Wort der Heiligen Schrift gebundenen Glauben steht, den wir doch unseren Kindern nahebringen wollen. Für die jungen Menschen erscheint aber diese Christlichkeit dem Glauben der Eltern täuschend ähnlich. Sogar viele christliche Eltern bemerken oft längere Zeit selbst keine wesentlichen Unterschiede, sind sie doch angenehm überrascht, daß man in der Waldorfschule noch betet, christliche Feste feiert oder Geschichten des Alten Testamentes zum Gegenstand des Hauptunterrichts macht.

So müssen wir feststellen: die anthroposophische Erziehung in der Waldorfschule tritt in größte Konkurrenz zur christlichen Glaubenserziehung, die für Eltern, die sich an Schrift und Bekenntnis orientieren, doch das wichtigste Anliegen und das oberste Ziel ihrer Erziehung ist. Je mehr sich Kinder und Jugendliche in der Waldorfschule dem anthroposophischen Einfluß öffnen, um so weniger werden sie – so ist zu befürchten – für die biblische Botschaft von der Erlösung allein durch das Werk Jesu Christi ansprechbar." (44)

Christliche Schulen für jedermann

Die erschreckenden Früchte der Kulturrevolution und das entschlossene Zusteuern radikaler politischer Kräfte auf eine totale Erziehung der Kinder müssen uns eines klarmachen: Wir brauchen unbedingt mehr private christliche Schulen, wenn wir nicht riskieren wollen, daß ein hoher Prozentsatz unserer Kinder auf dem Weg durch den staatlichen Bildungsbetrieb seinen christlichen Glauben verliert.

Gottfried Meskemper gibt in seinem Buch „Falsche Propheten unter Dichtern und Denkern" zu bedenken: „Ich vermisse die intuitive Abneigung gegen die geistige Vergewaltigung durch unseren Bildungsbetrieb." (45)

Viele christliche Eltern setzen bei ihren Kindern alles auf die Karte „schulischer Erfolg". Sie handeln nach dem Muster: unser Kind muß den besten Schulabschluß machen! Und sie sind dann zutiefst betroffen, wenn sich zwischen ihnen und ihrem heranwachsenden Kind ein tiefer Graben unterschiedlichen Weltbewußseins auftut. Es ist eine sehr ernst zu nehmende Frage, wie lange wir unsere Kinder noch einem antichristlichen Bildungsbetrieb überlassen können.

Im Vergleich zu den USA, die in den meisten Städten evangelikale Privatschulen jeglicher Ausrichtung haben, ist die Bundesrepublik erschreckend unterentwickelt. Lange Zeit wurden solche Schulen nicht für notwendig angesehen.

So tat sich bis zur Schulreform 1974 im evangelikalen Bereich sehr wenig. Als es verantwortungsvolle Erzieher dann nicht mehr mit ansehen konnten, wie christliche Kinder einem ständigen Wechselbad entgegengesetzter Erziehung ausgesetzt wurden und darin unterzugehen drohten, begannen einige schüchterne Ansätze evangelikaler privater Schulen.

Die in den letzten Jahren gegründeten christlichen Privatschulen, wie z.B. in Bremen, Gießen, Frankfurt und Reutlingen, haben sich in der „Arbeitsgemeinschaft Evangelischer Bekenntnisschulen" zusammengeschlossen. Sie brauchen unsere volle Unterstützung, damit sie bestehenbleiben und weitere gegründet werden können. Wir brauchen Schulen, in denen die Bibel wichtig ist in allen Unterrichtsfächern, von der Mathematik bis zum biblischen Unterricht, in denen Lehrer, die wiedergeborene Christen sind, das Leben unserer Kinder beeinflussen. Das sollte für uns ein wichtiges Gebetsanliegen sein.

Nach neuesten Informationen sind Schulen in Bochum, Essen, Gummersbach, Flensburg, Hamburg, Hannover, München und Velbert geplant.

Der Religionsunterricht – ein Mühlstein um den Hals

„Jesus aber sprach zu seinen Jüngern: es ist unmöglich, daß die Verführungen ausbleiben; doch wehe dem, durch den sie kommen! Für ihn wäre es besser, wenn ihm ein Mühlstein um den Hals gelegt und er ins Meer versenkt wäre, als daß er einen dieser Kleinen verführte" (Lukas 17,2).

Was hat der Pastor schon zu sagen?

„Das Gottesbild der Konfirmanden bewegt sich irgendwo zwischen Uri Geller, Tarzan und dem weißen Riesen", so stand es einmal ironisierend im „Zeitmagazin" zu lesen. Was lernen eigentlich unsere Kinder im Konfirmandenunterricht der Kirchen und im Religionsunterricht der Schulen?

Für manchen Pfarrer haben die wöchentlichen Konfirmandenstunden und die paar Religionsstunden in der Schule schon Anlaß zu Magengeschwüren gegeben. „Was hat der Herr Pfarrer schon zu sagen?" Mit diesen Worten flegeln sich die Jungen auf die Stühle und machen zotige Sprüche, während die Mädchen über die Unbeholfenheit des würdigen Herrn im Umgang mit pubertierenden Teenagern kichern. Sie machen keinen Hehl daraus, daß sie ja doch nur die Zeit absitzen, um sich dann, nach dem Abkassieren der Konfirmationsgeschenke, nie wieder in der Kirche sehen zu lassen. Nur wenige Geistliche verstehen es, kirchenfremde Kinder für den christlichen Glauben zu interessieren.

Dafür nutzen andere Pastoren die Zeit der christlichen

Unterweisung für berufsfremde Zwecke: zu einem agitatorischen Politikunterricht, der mehr von marxistischem als christlichem Gedankengut geprägt ist.

Ein besorgter Aufruf

Dieses Treiben von nicht gerade wenigen Pastoren wurde von einer Gruppe besorgter Christen der nordelbischen Kirche in einem „Aufruf an ihre Bischöfe" in die breite Öffentlichkeit getragen. Ihre Sorge bezog sich im wesentlichen auf vier Punkte:

– „Amtsträger der Kirche betreiben öffentliche Staatshetze. Unsere Landeskirche verteilt – trotz wiederholten Einspruchs – Publikationen, insbesondere an junge Menschen, in denen unser demokratisches Gemeinwesen verächtlich gemacht wird. Eine Gruppe von Pastoren bekundet offensichtlich Sympathie für Terroristen, indem sie aufruft: ‚Bedenkt, Schwestern und Brüder: Bergeversetzen beginnt mit Steineschmeißen.'"

– „Amtsträger der Kirche fordern zum Rechtsbruch auf. 27 Pastoren aus Nordelbien appellieren in einem Brief an die evangelischen Christen, ‚jede Form des Kriegsdienstes zu verweigern', durch ‚bürgerlichen Ungehorsam', durch ‚Besetzung von Straßen, die für eventuelle militärische Zwecke benutzt werden könnten', durch Protest gegen Jugendoffiziere in Schulen, durch Verweigerung von Hilfe von Ärzten und Pflegepersonal."

– „Die Kirche duldet Angriffe auf Ehe und Familie. Familie und Ehe werden einer radikalen Umwertung unterzogen. So kann man in Publikationen unserer Landeskirche zur Erwachsenenbildung lesen, daß die Erziehung zu den traditionellen Wertvorstellungen unseres christlichen Kulturkreises angeblich zu zerstörerischen Konsequenzen führt. Es heißt sogar: Das Christentum halte die Frauen in Ehe und Familie in einem Zustand unerträglicher Unfreiheit."

– „Die Kirche duldet und fördert mit der sogenannten feministischen Theologie das Eindringen von Irrlehren und Neuheidentum. Feministische Theologie fordert zum Beispiel Hinwendung zu neuen Gottesbildern, insbesondere zu den Göttinnen“ (Die Welt, 17. 1. 85).

Jesus als Rotzlöffel

Dieser kurze Einblick kann deutlich machen, wie sehr es in den Kirchen gärt. Aber dieser „Umdenkungsprozeß“ von Theologen bezieht sich nicht nur auf den Norden Deutschlands oder auf die evangelische Kirche allein; wir finden ihn – mehr oder weniger stark ausgeprägt – in allen Konfessionen: in evangelischen, in katholischen und in freikirchlichen Kirchen.

So hat die Bundesleitung der „Katholischen Jungen Gemeinde“ ein „Songbuch“ veröffentlicht. Die Lieder, so schreiben die Herausgeber, können in „Gottesdiensten, Gruppenstunden, Teestuben, bei Feiern und Fahrt und Lager gesungen werden“.

Eingestreut zwischen üblichen und bekannten Lieder findet man auch solche:

„Wir sind nicht resigniert / wenn ihr uns schikaniert / mit dem Berufsverbot / und mit Gefängnis droht / Und was uns jetzt noch trennt / von dem, was man Freiheit nennt / Die Unterdrücker hier / die verjagen wir.“

Oder: „Und wenn ein Mann einen Mann liebt / soll er ihn lieben, wenn er ihn liebt / denn ich will, daß er alles gibt, was er gibt / wenn eine Frau eine Frau liebt / soll sie sie lieben, wenn sie sie liebt / und wenn ein Hirte sein Lamm liebt / soll er es lieben, wenn er es liebt.“

Eine elfte Klasse hatte eine Nacherzählung der christlichen Weihnachtsgeschichte zum Unterrichtsthema: „Gott sei Punk. Eine alte Story, neu erzählt von Lucky und Matti.“ Der Autor W. Thomas schreibt dort beispielsweise: „Gary, der Obermotz von den Nazareth-Angels, meist auf der Piste, Schnecken aufreißen und abschleppen, und schon lange scharf auf Mary, die Braut von Jo ..."

In den Schülerzeitungen Nordrhein-Westfalens wurde ein Stück der Berliner Kabarettgruppe „Die drei Tornados" veröffentlicht: Maria berichtet über ihren angeblichen Geschlechtsverkehr mit dem heiligen Geist. Jesus wird als „Rotzlöffel" bezeichnet; und über die Christen sagt Joseph zu Maria: „... dann sollste mal sehen, 2000 Jahre später, da hörste die Fans von deinem Gör immer noch rumjockeln."

In anderen Städten zogen die Schüler klassenweise zu Weihnachtsstücken, in denen die christliche Botschaft auf ähnliche Weise in den Schmutz gezogen wurde.

Der „lange Marsch" durch den Religionsunterricht

In den vergangenen Jahren hat sich in den Religionsunterricht manches eingeschlichen, was von den traditionellen Grundsätzen der Kirche ziemlich weit entfernt ist.

Gemäß einem „Unterrichtsmodellentwurf für den Religionsunterricht in der achten Jahrgangsstufe" wurden Fragebogen zum Thema „Angst" an 14jährige Schüler ausgegeben. Als Beispiele für Ängste von Mädchen standen auf dem Blatt: ‚Vergewaltigung, erster Geschlechtsverkehr, Titte abbeißen, erste Regel, Krieg, Geisterbahn." Die Jungen hatten Angst vor: „Mädchen, Bart, Krieg, Vergewaltigung, schlechten Zensuren, Kindermachen, Insekten."

Im Lehrerbegleitheft heißt es dazu, daß Angst unter anderem durch „Trennung von der Mutterbrust" ausgelöst werden könne. Als Ursache kämen ferner autoritäre Eltern, die Leistungsgesellschaft und die Religion in Frage, zum Beispiel durch christliche Erziehung erzeugte Schuldkomplexe. Dies ist die Art von Religionsunterricht, mit der auch noch der letzte Funke Glauben zerstört werden kann.

Der Entwurf eines „Rahmenplanes für den evangelischen Religionsunterricht" in Berlin sorgte wegen seiner politischen Einseitigkeit für bundesweites Aufsehen.

Die Schüler erfahren in einer Unterrichtseinheit, daß die Familie „Übungsfeld für die Mechanismen von Unterdrückung und Unterwerfung" sei und daß schon für Jesus die Familie „kein Wert an sich" war.

Weiterhin ist als Ziel dieses Religionsunterrichts zu lesen, „Schülern die Problematik von Gewalt und Gegengewalt oder gewaltfreiem Widerstand in seinen unterschiedlichen Formen bis hin zum zivilen Ungehorsam zu vermitteln". Als Vorbilder politischen Engagements nennt der Lehrplan Hausbesetzer, Kernkraftgegner, die Friedensbewegung und die amerikanische Bürgerrechtsbewegung.

Wie schon gesagt, dieser Rahmenplan wurde nach seiner Bekanntgabe heftig angegriffen. Die Verantwortlichen lenkten schnell ein: es handele sich lediglich um einen Entwurf, der diskutiert werden solle.

Immerhin müssen Schüler und alarmierte Eltern eine zweijährige „Erprobungszeit" über sich ergehen lassen. Man fragt sich, was hier überhaupt erprobt werden soll. Natürlich ist zu erwarten, daß nach diesen zwei Jahren einige Korrekturen vorgenommen werden. Getreu der Methode „Zwei Schritte vorwärts, einen Schritt zurück" kommt man dann immer noch einen Schritt „voran"!

Der „normale" Religionsunterricht

Glücklicherweise bilden solche Vorkommnisse noch die Ausnahme. Aber wissen Sie, was in einem „normalen" Religionsunterricht noch vom biblisch orientierten christlichen Glauben übriggeblieben ist?

Unsere Kinder haben sich z. B. mit den Argumenten der „historisch-kritischen Methode" herumzuschlagen:

– Gott wird, wenn schon, dann nur als Prinzip oder Idee anerkannt, aber niemals als Persönlichkeit, vor der jeder Mensch einmal Rechenschaft ablegen muß.

– Jesus ist der „wahre Mensch“, ein „Revolutionär“, jedoch nicht Gottes Sohn, der die Sünden der Welt trägt. Die Wunder sind Fabeln und nicht historische Berichte.

– Die Bibel ist keine durch den Heiligen Geist inspirierte Offenbarung Gottes an den Menschen, sondern Menschenwort, das bestenfalls göttliche Aussprüche enthält.

– Jesus Christus, bzw. der christliche Glaube, ist nicht der einzige Weg zu Gott, sondern eine Möglichkeit der Gottfindung neben all den anderen Weltreligionen.

– Der Mensch ist eine Weiterentwicklung aus primitiven biologischen Strukturen; in seinem Verhalten ist er das Produkt der Gesellschaft. Das Böse kann also nicht im Menschen selbst liegen, wie die Bibel es sagt, sondern hat seinen Ursprung in der Umwelt.

Wer selbst Wunder erlebt ...

Wenn Ihr Kind nicht von einem wiedergeborenen, bibelgläubigen Lehrer unterrichtet wird, dürften die oben genannten Punkte noch zu den harmloseren Aussagen des Religionsunterrichts gehören.

Mit solchen Lehraussagen konfrontiert zu werden muß für einen aufgeweckten, gläubigen Teenager keine Katastrophe bedeuten. Wenn er selbst fest im Glauben verwurzelt ist und sich zu behaupten weiß, kann ihn solch eine Konfrontation, wenn er beispielsweise von seinen Eltern unterstützt wird, letztendlich in seiner geistlichen Standortfindung und seinem geistlichen Wachstum fördern.

Allerdings dürfen ihn seine Eltern nicht im Stich lassen, sondern müssen ihn beraten, informieren, ermutigen und gegebenenfalls auch trösten, wenn die Angriffe zu gemein sind.

Voraussetzung für das Bestehen in solch einem Glaubenskampf sind ein lebendig praktizierter Glaube in der Familie und ein Wissen um die falschen theologischen

Thesen des Unterrichts. Einem Menschen, der selbst Wunder mit Jesus erlebt, kann man seine Erfahrungen nicht so schnell ausreden!

Wenn die ideologische Konfrontation allerdings zu sehr an der geistlichen Substanz nagt, kann es ratsam sein, das Kind vom Religionsunterricht abzumelden oder das Fach „Werte und Normen“ zu wählen, das in einigen Bundesländern angeboten wird. Das muß von Fall zu Fall entschieden werden.

Gammeln und die Zeit totschlagen

Persönliche Beschäftigung

Intensives Spielen und eine persönliche kreative Beschäftigung ist für viele Kinder keine Selbstverständlichkeit mehr. Die räumliche Enge kleiner Großstadtwohnungen, aber auch das Überangebot an passiven Beschäftigungen, wie Musikhören und Fernsehen, macht es Kindern nicht leicht, einer Tätigkeit gerne nachzugehen.

Für jemanden, der gewohnt ist, seine Zeit sinnvoll zu gestalten, sind Umfrageergebnisse, die aufdecken, daß Kinder und Teenager bis zu sechs Stunden pro Tag mit Musikhören und Fernsehen vergammeln, nahezu unfaßbar. In einem weiteren Kapitel werde ich darauf näher eingehen.

Schaut man sich die ausdruckslosen Gesichtszüge und schlaffen Gliedmaßen mancher pubertierender Teenager an, kann man schon ahnen, was diesen bemitleidenswerten Geschöpfen in den vorangegangenen Jahren gefehlt hat.

Ein Kind, das weiß, was es wert ist, und sich zu beschäftigen versteht, kommt besser durch das spätere Leben als ein Kind, das zu nichts zu bewegen ist und das ständig alles anödet.

Vorbereitung auf die Stürme der Teenagerjahre

James Dobson, einer der bekanntesten christlichen Kinderpsychologen in den USA, äußert sich zu diesem beängstigenden Phänomen unserer Zeit so: „Es gibt nichts Riskanteres, als einen Teenager ohne spezielle Fähigkeiten, ohne ein ernsthaftes Hobby, ohne jegliches Kompensationsmittel in die Stürme der Adoleszenz hineinzuschicken." (46)

Die Schulung von Kompensationsfähigkeiten, d. h. Schwächen durch Konzentration auf persönliche Stärken auszubalancieren, muß schon im frühen Kindheitsalter ihren Anfang nehmen.

Jedes Kind braucht Bereiche, in denen es bestätigt wird und mit Genugtuung feststellen kann: hier bin ich ein Könner. Gerade im Familienverband beobachten wir, daß Kinder unterschiedliche Fähigkeiten entwickeln und selten den gleichen Hobbys nachgehen. Ist Martin ein As im Tischtennis, wird Susanne eher für ihr ausgezeichnetes Gitarrenspiel zu loben sein und ihrem Bruder den ersten Platz an der Tischtennisplatte überlassen.

Beobachten Sie ruhig einmal Ihre Kinder in dieser Beziehung. Bemühen Sie sich, die unterschiedlichen Begabungen herauszufinden. Unterstützen Sie die jeweilige Originalität – auch wenn Sie mit etwas Druck nachhelfen müssen, weil Ihr Kind zu träge ist. Es geschieht zu seinem Besten.

Liegen die Begabungen im sportlichen Bereich, in handwerklichen oder in künstlerischen Fähigkeiten? Sorgen Sie dafür, daß Ihr Kind, gerade in den Jahren vor der Pubertät, eine Menge zu tun hat und seine Selbstbestätigung findet.

Viele sinnlose und zerstörerische Aktivitäten von Teenagern – ich habe sie in dem Kapitel „Kinder ohne Beherrschung" aufgeführt – haben ihren Ursprung in Langeweile, Passivität, Überdruß und Sinnlosigkeit.

Die seelischen Schwankungen in der Pubertät werden nicht ausbleiben; aber es ist ein Unterschied, ob ein Kind dann stumpfsinnig vor sich hin brütet und sich in „Cliquen" herumtreibt oder seinen „Frust" an der Gitarre kreativ abreagiert.

Nicht zu früh mit der Erwachsenenwelt konfrontieren

Bewahren Sie Ihr Kind vor allem davor, daß es zu früh mit den Wünschen und Lastern der Erwachsenenwelt konfrontiert wird. Es reicht wirklich, wenn dies erst in den Teenagerjahren geschieht und es bis dahin unbeschwert und natürlich spielen kann.

Eine große Familie, in der die Älteren ungeniert mit den Jüngeren im Sandkasten spielen können, erweist sich da wirklich als Hilfe. Schließlich tun sie es ja nur für die Kleinen; vor ihren Altersgenossen dürften sie sich so nicht zeigen. Ein Einzelkind, das ständig von Erwachsenen umgeben und in deren Umgang und Gespräche eingebunden ist, hat es schon schwerer, seine Kindheit lange genug zu bewahren.

Filme und Schlager projizieren das Erwachsenenleben zu früh in die Kinderzimmer. Gewisse Spielsachen machen es nicht leicht, in der kindlichen Welt zu verweilen. Dazu zähle ich zum Beispiel das meist fertige, technische Spielzeug und die Computerspiele. Auch „Barbie-Puppen", die in ihrem Aussehen und dem Zubehör ein achtjähriges Kind auf ungesunde Weise in die Konsumwelt der Erwachsenen einführen, gehören dazu.

Es bewährt sich nach wie vor, Kindern einen größtmöglichen Zugang zur Natur zu verschaffen. Auch wenn das gerade in Großstädten sehr schwer ist: Eltern könnten eine Menge an Nörgelei, Unausgeglichenheit und Schlafstörungen vermeiden, wenn ihre Kinder nur genügend frische Luft und Gelegenheit zum Austoben hätten.

Jungen Familien kann ich nur empfehlen, zumindest einige Jahre in einem ländlichen Gebiet zu wohnen und lieber einen längeren Anfahrtsweg zur Arbeitsstelle in Kauf zu nehmen. Etwas außerhalb kann man eventuell zum gleichen Mietpreis eine größere Wohnung mit Garten bekommen und hat dadurch mehr Freiraum für die Kinder.

Erstreben wir bei unseren Kindern kreative Beschäftigungen, dürfen wir als Erwachsene auch nicht zurückstecken. Hier können insbesondere Mütter neue Entfaltungsmöglichkeiten entdecken, die sehr gut über die ermüdende Routine oder das Unausgefülltsein im Haushalt hinweghelfen können.

Lassen Sie sich etwas einfallen! Umgeben Sie Ihre Kinder mit Kreativität und Freude an Gottes Schöpfung. Das ist ansteckend! Unser Gott ist ein kreativer Gott, sonst hätte er die Erde nicht so schön geschaffen. Und auch wir dürfen schöpferisch tätig sein.

Gewinnen Sie neue Freude an der Gestaltung ihrer Wohnung. Hier ein neuer Blumenschmuck und da die Möbel einmal umgestellt. Hatten Sie nicht schon immer einmal Interesse daran, einen Töpferkurs zu besuchen? Tun Sie es zusammen mit Ihrer großen Tochter, und entdecken Sie miteinander neue Gemeinsamkeiten.

Wenn ich als Vater etwas zu reparieren oder zu basteln habe, bin ich selten allein. Fast immer sind Kinder dabei, die zuschauen oder mit anfassen. Es ist erstaunlich, wie geschickt schon ein Zehnjähriger mit Hammer, Nagel und Säge umgehen kann, wenn man sich nur die Zeit nimmt, es ihm zu zeigen.

Seitdem in den Schulen für die musischen, kreativen und handwerklichen Fächer immer weniger Zeit aufgewendet wird, haben wir Eltern die Verantwortung, für den Ausgleich zu sorgen. Auch wenn es Zeit, Mühe und Geld kosten sollte: Es zahlt sich aus – denn Sie haben ein Kind, das sich beschäftigen und so den Herausforderungen der Jugendjahre besser begegnen kann.

Freundschaften können viel bewirken

Für die meisten Kinder spielen Freundschaften eine wichtige Rolle. Sie brauchen den Wettbewerb und die Anerkennung unter Gleichaltrigen. Einen Freund bzw. eine Freundin zu haben, das hebt das Image und damit das Selbstwertgefühl.

Freunde üben einen enormen Einfluß aus. Vielleicht staunen Sie, weil durch den neuen Freund Ihr Kind plötzlich so ausdauernd mit Dingen spielt, die es vorher gar nicht angerührt hat. Oder es wird viel fröhlicher und hilfsbereiter. Dann können Sie sich freuen; ihr Kind ist in gute Hände geraten.

Es kann aber auch ganz anders kommen: Schon immer hat es Ihnen Unbehagen bereitet, wenn Ihr Junge an den Nachmittagen stundenlang mit einigen Klassenkameraden irgendwo in der Siedlung herumstrich. Bei Ihren Nachfragen druckste er immer nur herum. Das machte Sie noch mißtrauischer; aber Sie hatten ja nichts in der Hand. Bis dann der Anruf kam ...

Die richtige Strategie

Da Freundschaften sehr viel bewirken können – zum Positiven wie leider auch zum Negativen –, dürfen wir diesen Bereich nicht einfach übersehen, sondern brauchen als Eltern eine geschickte Strategie.

Meiner Erfahrung nach sind tiefer gehende Freundschaften gläubiger Kinder mit ungläubigen Klassenkameraden oder Nachbarskindern auf lange Sicht nicht unbedingt förderlich. Es gibt natürlich positive Ausnahmen, insbesondere bei Eltern mit ganz normalen Maßstäben. Unter Freundschaft verstehe ich auch nicht das unverbindliche Spielen mit anderen Kindern, sondern wenn zwei Kinder wie die Kletten aneinanderhängen und alles gemeinsam machen wollen.

Bei kleineren Kindern dürfte vieles noch unproblematisch sein. Im Teenageralter machen sich unterschiedliche Wertvorstellungen und Zeitvertreibe jedoch stärker bemerkbar. Das kann zu Konflikten führen, auf die wir vorbereitet sein sollten.

In einer Familie mit mehreren Kindern stellt sich dieses Problem nicht so stark, da mehr Spielmöglichkeiten unter den Geschwistern vorhanden sind. Auch in diesem Punkt hat die große Familie unbestreitbar Vorteile.

Christliche Eltern sollten sich bemühen, zu Freundschaften mit anderen Christenkindern zu ermutigen.

Christliche Freundschaften ermutigen

Bemühen Sie sich um ein gastfreies Haus, und pflegen Sie Freundschaften zu christlichen Familien, deren Kinder im gleichen Alter sind. Unternehmen Sie etwas mit den anderen Kindern: machen Sie Ausflüge, feiern Sie Kindergeburtstage, laden Sie sie zu sich ein, ruhig auch einmal über Nacht. Unterstützen Sie Brieffreundschaften und lassen Sie Ihr Kind in den Ferien seinen Brieffreund bzw. seine Brieffreundin besuchen. Kinderfreizeiten sind eine sehr gute Gelegenheit, Freundschaften zu knüpfen.

Wenn es dann soweit ist, daß Ihre Tochter im Teenageralter nach Jungen Ausschau hält oder Ihr Sohn ein Auge auf Mädchen wirft, und sie finden in christlichen Kreisen ihre Freunde und Freundinnen, dann können Sie nachts schon besser durchschlafen. Die richtigen Weichen sind gestellt.

Nichtchristliche Freundschaften

Ermutigen Sie Ihr Kind in Gesprächen, seine Freundschaften im christlichen Bereich zu suchen. Machen Sie ihm klar, daß es letztlich mit einem ungläubigen Teenager nicht den persönlichen Austausch und die Gemeinsamkeiten haben kann wie mit einem Jugendlichen, der den gleichen Glauben besitzt. Zeigen Sie ganz bewußt die

Probleme auf, die durch unterschiedliche Lebensanschauungen entstehen werden.

Meinen heranwachsenden Kindern habe ich immer ungefähr folgende Sätze gesagt: „Sei nicht traurig, wenn du in deiner Klasse mehr oder weniger ein Außenseiter bist. Steh zu deinem Glauben, gib Zeugnis, wenn du die Möglichkeit hast. Sei ein guter Klassenkamerad. Aber es ist doch eine andere Welt, in der du keinen guten Freund finden wirst. Als ich in deinem Alter war, habe ich mich in der Klassengemeinschaft auch nicht so wohl gefühlt und meine echten Gesprächspartner und Freunde unter Christen gesucht. Und dabei möchte ich dir gern helfen."

Ein kinderfreundliches Haus

Darüber hinaus sollten Sie ein offenes Herz und Haus für alle Kinder haben, die zu Ihnen kommen, gleich ob es Nachbarskinder, Klassenkameraden oder Freunde sind. Bei uns zu Hause springen schon elf Kinder herum, aber wir nehmen gern die Mühe auf uns, auch noch ihre Freunde zu beherbergen. Dann behalten wir wenigstens den Überblick und bekommen nebenbei den Umgang unserer Kinder mit. Das ist auf jeden Fall besser, als wenn sie stundenlang irgendwo verschwunden sind und wir nicht wissen, was sie treiben.

Kümmern Sie sich mütterlich und väterlich auch um die anderen Kinder. Manche haben es bitter nötig, einem netten Erwachsenen zu begegnen, der sie annimmt. Sie hungern nach Liebe, Achtung und Verständnis. Da können Sie noch einen wichtigen Dienst verrichten. Kinder begegnen heutzutage nicht mehr so vielen freundlichen und humorvollen Erwachsenen. Wer weiß, was sich bei ihnen zu Hause abspielt.

Begegnen Sie einem Kind auf diese Weise, dann können Sie auch eher erwarten, daß die „Hausregeln" von Ihren kleinen Gästen genauso eingehalten werden wie von den eigenen Kindern. Scheuen Sie sich nicht, diese liebevoll, aber bestimmt mitzuteilen; das betrifft insbesondere den Umgangston, das Zerstören von Geräten u. a.

Es ist interessant, daß Kinder, die so aufgenommen werden, sich bei uns ganz anders verhalten, als ihre Eltern es gewohnt sind. Andere Kinder, denen wir unsere Hausregeln mehrmals sagen mußten, sind oftmals von sich aus nicht wiedergekommen. Darüber waren wir nicht traurig, auch wenn es natürlich schade um das Kind war.

Sie sehen, auch dieser kleine Umgangsbereich der Freundschaft darf nicht außer acht gelassen werden. Nehmen Sie diese Gedanken als Anlaß, um über den Umgang ihrer Kinder mit Gleichaltrigen nachzudenken.

Vereine

Über den Wert und Einfluß von Vereinen denken Eltern spätestens dann nach, wenn der kleine Sproß mit einschlägigen Anfragen kommt. Und darum wissen die Eltern oft nicht, auf was sie sich einlassen.

Der Freund ist im Fußball- oder Tischtennisverein. Schon ist der Sohn Feuer und Flamme und liegt seinen Eltern in den Ohren. Andere Klassenkameraden sind Mitglieder in politischen Kinderorganisationen, die zum Teil pädagogisch recht gut geschulte Mitarbeiter haben. Schauen Sie sich diese Gruppen genau an, ehe Sie ihnen Ihr Vertrauen schenken. Und auch die Jugendsekten sind interessiert, ihre Mitgliederzahlen zu erhöhen.

Streitpunkt Sonntag

Selbst wenn Sie ein Vereinsleben überprüft haben und als ungefährlich einstufen, bedenken Sie noch eins: ein Verein, der seinen sportlichen oder kulturellen Aktivitäten hauptsächlich am Sonntag nachgeht, wird in eine christliche Familie früher oder später eine Menge Konfliktstoff tragen. Nämlich dann, wenn Ihr Kind zum Verein und nicht zum Gottesdienst möchte.

Ich persönlich kann keins meiner Kinder in einen noch so guten Verein gehen lassen, bei dem sich herausstellt, daß er regelmäßig für den Sonntagvormittag Erwartungen an seine Mitglieder stellt. Da ich die Auseinandersetzungen schon voraussehen kann, werde ich ihnen klugerweise rechtzeitig aus dem Weg gehen. Weil aber soziale, sportliche und gesellige Aktivitäten zur Entwicklung unserer Kinder unbedingt dazugehören, sind gerade die Gemeinden in diesen Bereichen gefragt.

Es ist schon immer eine Kunst gewesen, geistliche und gesellige Anliegen miteinander auf die richtige Art und Weise zu verknüpfen. In Extremen lebt es sich leichter. Da sind die Kirchen, die so verweltlicht sind, daß ihnen nichts anderes mehr einfällt als kulturelle Veranstaltungen, Parties und Kinderdiscos. Aber es gibt auch solche Gemeinden, die nur geistliche Angebote bringen und mit dem „weltlichen Kram“ nichts zu tun haben wollen.

Nicht nur verbieten, Besseres anbieten!

Wir brauchen die befreiende, gesunde Mitte, so daß sich die ganze Familie im geistlichen wie im geselligen Gemeindeleben wohl fühlt. Leider ist es ja wirklich schon so weit gekommen, daß Christen viele gesellschaftliche Angebote nicht mehr annehmen können. Wenn wir es als Christen ernst meinen, werden wir immer mehr zu Außenseitern werden.

So haben schon immer strenggläubige Christen argumentiert und sind ins gesellschaftliche Abseits gedrängt worden. Aber vielleicht lernen wir aus ihren Fehlern. Sich absondern und Verbote aussprechen reicht nicht aus. Als christliche Eltern haben wir zwar eine Menge zu verbieten, aber es darf nicht dabei bleiben. Unsere Devise muß lauten: Nicht nur verbieten, sondern Besseres anbieten!

Wir sollten in unseren Kirchen und Gemeinden eine eigene christliche Kultur entwickeln, die alle Bedürfnisse des Lebens abdeckt. Wo sind die Mütter mit den kreativen Fähigkeiten? Sie sollen die Kinder hin und her in den Häusern sammeln und die schöpferischen Begabungen entfalten. Wo sind die Väter mit den sportlichen Ambitionen? Auf, sammeln Sie die Jungs zu sportlichen Wettkämpfen und zeigen Sie ihnen, wie man als Mann Siege und Niederlagen tragen kann.

Die Zeitbombe tickt …

Die Welt der Teenager

Unsere Kinder wachsen in einer Welt auf, die ihnen täglich das genaue Gegenteil von unserem christlichen Lebensstil vorlebt und einhämmert. Selbst wenn die Kinder es wollten, sie könnten sich diesem Einfluß nur teilweise entziehen. Sie müssen auf ihrem schweren Weg der Persönlichkeitsfindung mitten durch die Probleme hindurch.

Dabei entstehen naturgemäß Probleme, denen viele Eltern nicht mehr gewachsen sind. Die einen lassen ihre Kinder einfach mitlaufen und ziehen sich mit einem windigen Argument aus der Verantwortung: „Wir haben alle einmal Dummheiten in unserer Jugendzeit angestellt und sind doch trotzdem ganz ordentliche Menschen geworden. Sollen sie doch ihre Erfahrungen selbst sammeln."

Andere Eltern – verschreckt über die Auswüchse – halten ihre Teenager zu kurz und versuchen, alles zu verbieten. Am liebsten würden sie ihre Heranwachsenden, wie in einer sicheren Trutzburg, vor der „schrecklichen" Welt bewahren. Aber so geht es auch nicht. Die es so gut meinenden frommen Eltern geraten dann in eine Auseinandersetzung, die der rebellierende Jugendliche gewinnt.

Wenn Sie Ihrem angehenden Teenager wirksam helfen wollen, sollten Sie zunächst einmal die Welt um ihn herum mit ihren Herausforderungen und Gefahren kennenlernen. Sie müssen sich die Mühe machen, informiert zu sein und zu bleiben. Dann sind Sie nämlich eher der kompetente Gesprächspartner, der sein Kind vor gewissen „Fallen" warnen und Alternativen anbieten kann.

Und wenn Sie etwas zu verbieten haben, verstehen Sie dann auch, es sachlich zu begründen.

Welchen Einflußbereichen sind nun unsere Kinder im Alter von 12 bis 16 Jahren ausgesetzt?

Die Erinnerungen an unsere eigene Teenagerzeit wiederaufzufrischen, hilft nur teilweise. Die Einflüsse haben sich so sehr verändert, daß ein Vergleich mit unserer Kindheit nicht mehr zutreffend ist. Das müssen sich vor allem zur Gleichgültigkeit und Oberflächlichkeit neigende Eltern vor Augen halten.

Allmählich fortschreitende Veränderungen bemerkt man bekanntlicherweise am schwersten. In den vorhergehenden Kapiteln habe ich schon versucht aufzuzeigen, daß wir gegenwärtig eine geistige Revolution riesigen Ausmaßes erleben – und viele haben es noch nicht einmal bemerkt.

Bravo-Leitbilder

Um sich über das heutige Teenagermilieu zu informieren, brauchen Sie nur einmal die Jugendzeitschrift Bravo durchzublättern. Eine andere, fremde Teenagerwelt – nicht zu vergleichen mit Ihrer eigenen – tut sich Ihnen auf.

Bravo ist die meistgelesene kommerzielle Jugendzeitschrift mit einer Auflage von 1,4 Millionen Exemplaren pro Woche. Damit erreicht diese Zeitschrift mindestens ein Drittel aller Kinder und Jugendlichen zwischen 12 und 21 Jahren. Da dieses Blatt unter den Schulbänken von einem zum anderen wandert, können wir davon ausgehen, daß vielleicht die Hälfte aller Teenager Bravo in die Hände bekommt. Dabei dominieren unter den Lesern die 12- bis 14jährigen.

Die anderen Jugendzeitschriften – „Mädchen“, „Popcorn“ und „Pop-Rocky“ u. a. – schauen nur neidisch auf die Verkaufszahlen von Bravo. Popcorn, zum Beispiel, verzeichnet eine Auflagenhöhe von 230 000.

Auch wenn es in Ihrem christlichen Haus hoffentlich solche Zeitschriften nicht gibt, Sie können sicher sein, auch Ihr Kind wird sie einmal durchblättern oder sie sogar heimlich regelmäßig verschlingen.

Fünf Themenbereiche ziehen sich in penetranter, oftmals abstoßender Weise durch alle Nummern:

Starkult

Jede junge Generation ist auf Vorbilder und Idole angewiesen. Auch wenn Individualität großgeschrieben wird, kann man doch an Kleidung, Gebaren und Redestil recht gut erkennen, welch einem Leitbild sich ein Teenager verschworen hat.

Die Vorbilder, die Bravo zu bieten hat, sind nicht nur mit größter Vorsicht zu genießen, sondern geradezu gefährlich.

„Mit sicherem Gespür für das, was ‚ankommt', hat Bravo die Gesetze des Marktes klar erkannt. Gebracht wird nur das, was die Jugendlichen sehen und lesen wollen, jedoch keine Anregung, sich kritisch mit dem Gebotenen auseinanderzusetzen. In erster Linie werden die Knüller gezeigt, immer das Neueste, das Sensationellste. Im Mittelpunkt stehen die Spitzenbands, die Koryphäen im Show-Business, die die großen Gruppen von Fans sammeln. Rockstars sind ‚riesig', ihre Musik ‚laut und fetzig', die heißesten Tanzheuler werden von ‚Stars in ausgeflippten Klamotten' in Szene gesetzt. Das Ziel ist, groß herauszukommen; das Vorbild: möglichst ein lustloser Schüler, der nicht ‚Mathe' büffeln wollte, aber mit zehn Jahren schon dem musikalischen Fieber verfallen war und mit vierzehn seine erste LP mit einem ‚irren Sound' herausgab. Die Stars schmeißen ihre Show auf die Bühne, und die Fans sind begeistert. Bravo bietet sogar eine Star-Kartei, damit die Fans deren Daten sammeln können." (47)

Konsumprägung

Mit der ständigen Darbietung eines ausgeflippten Showgeschäftes wird natürlich auch ein gewisses Konsumverhalten geprägt. Vor den Teenagern wird eine Scheinwelt aufgebaut, in der Hemmungslosigkeit und Triebbefriedigung dominieren.

Es wird eine Subkultur gezüchtet, die der Sensation verfallen ist. Mode scheint sich nur am „Ausgeflippten" zu orientieren; was auffällt und die ältere Generation schockiert, kommt an.

„Bravo zwingt seine Leser zum Konsum von Stars und Shows, Fernsehen und Rockmusik; Interessen für eine echte Gestaltung der Freizeit werden nicht geweckt. Die brennenden Fragen der Gegenwart, echte Liebe, Geborgenheit und Harmonie, gute Beziehungen zur älteren Generation, Interesse an der Schule und am beruflichen Fortkommen, Kenntnisse von der Welt und ihren Problemen – das sind keine Themen für eine solche Zeitschrift." (48)

Die magische Welle

Bravo ist voll auf der magischen Welle abgefahren, die – mehr oder weniger – alle Massenmedien erfaßt hat. Aber ihre hauptsächliche Zielgruppe sind ja die 12- bis 14jährigen, und das gibt der Sache einen makabren Beigeschmack. So geht es, mit entsprechenden Bildern untermalt, in den Berichten laufend „diabolisch" zu, Beschreibungen strotzen von Begriffen wie „magisch", „teuflisch", „dämonisch".

Eine Musikgruppe wird folgendermaßen vorgestellt: „Kenner wissen: dieses Symbol steht für die düsteren Machenschaften der Schwarzen Magie und kann schweres Unheil bringen. Die Augen gehen dem Betrachter erst beim Aufklappen der Albenhülle über ..."

In einer der Ausgaben der „Foto-Love-Story", die jede

Woche dabei ist, wurden die Leser in die okkulte Praxis der Geisterbeschwörung und des Tischerückens eingeweiht. Die Titelheldin der Geschichte, die einen Tisch als Medium für ihren Geisterspuk benutzte, ließ sich von diesem Auskunft darüber geben, wer der Mann ihres Lebens sein werde.

Es besteht wohl kaum ein Zweifel darüber, welch verheerende Folgen diese und ähnliche Geschichten auf pubertierende Kinder haben.

Drogenmißbrauch

Als es Bravo einmal zu bunt getrieben hatte, stellten Eltern Strafantrag gegen den Heinrich Bauer Verlag. Ein Jugendamt veranlaßte ein Indizierungsverfahren der Bundesprüfstelle für jugendgefährdende Schriften. Der Grund: Verstoß gegen das Verbot zur Verherrlichung von Drogen.

In einer Ausgabe veröffentlichte Bravo nämlich eine Bildergeschichte, in der die Anwendung von Heroin exakt beschrieben wurde. Aufgrund der unkommentierten Gebrauchsanleitung, so das Jugendamt, sei Jugendlichen genau gezeigt worden, wie man sich Heroin spritzt.

Der Artikel war so aufgemacht, daß solche Teenager, die den Inhalt ohnehin unkritisch und unkontrolliert verschlingen, zum Ausprobieren von Drogen verleitet werden konnten.

Sexuelle Desorientierung

Woche für Woche erscheinen, im wahrsten Sinne des Wortes, schamlose Berichte, Leserbriefe, sogenannte Expertenantworten, Bildgeschichten zum Thema Freundschaft, die allesamt eins gemeinsam haben: sie stellen die Liebe fast ausschließlich unter dem Aspekt der Sexualität dar.

So bringt die Serie „Bravo-Aufklärung – Liebe und Sex zwischen 15 und 17“ immer wieder neu aufgewärmte, primitiv anmutende Berichte über den Wunschtraum des ersten Geschlechtsverkehrs und seine Verwirklichung. Wohlgemerkt, die Serie ist für die 15- bis 17jährigen. Dazu Großphotos in sexuell aufreizender Pose und die begleitenden Stellungnahmen der „Bravo-Psychologen", die sich als seriöse Berater ausgeben.

Drei Themenbereiche werden in immer neuen Variationen dargeboten: vorehelicher Geschlechtsverkehr, Ermutigung zur Selbstbefriedigung und Propagierung von Homosexualität bzw. Lesbismus.

Und dies, weil es besonders eingängig ist, häufig in Form von Erlebnisberichten, wie zum Beispiel diesem: „Ich bin schwul – na und?" Ein Junge schildert seine Situation als Homosexueller und gibt zum Schluß den kameradschaftlichen Ratschlag: „Ich kann jedem Jungen, der sich mehr zum gleichen Geschlecht hingezogen fühlt, nur raten: mach dich selbstständig! Such dir einen guten Job in einer Großstadt, und beginne dein eigenes Leben zu leben. Und steh voll zu deiner Neigung! Denn nur so kannst du andere davon überzeugen, daß Homosexualität nichts ‚Unnatürliches' ist."

Lesegewohnheiten überprüfen

Mit diesen fünf vorherrschenden Themenbereichen von Bravo habe ich Ihnen einen kleinen Einblick gegeben in die Mentalität der Teenagerwelt. Aber nicht nur Bravo und andere einschlägige Jugendzeitschriften strapazieren diese Themen, wir finden sie in allen Massenmedien.

Bevor wir unseren Kindern verbieten können, so ein Zeug zu lesen, müssen wir erst einmal unsere eigenen Lesegewohnheiten überprüfen.

Welche Haltung haben Sie der Literatur gegenüber? Greifen Sie nur widerwillig zu einem anspruchsvollen Buch, oder schmökern Sie viel lieber in allen möglichen Zeitschriften herum? Mit Ihrem Verhalten setzen Sie Ihren Kindern ein Vorbild.

Natürlich braucht jeder etwas zur Entspannung. Das gönnen wir uns auch. Als aber unsere Kinder ins Teenageralter kamen und ganz selbstverständlich nach unseren Zeitschriften unter dem Couchtisch griffen, kamen wir ins Nachdenken.

Denn ein ganzer Teil des Lesestoffes, den wir kritisch überschlugen, konnten wir nicht so einfach unkontrolliert den Kindern überlassen. Sollten wir ihnen unsere Lektüre verbieten oder gar selbst nur heimlich lesen?

Das war uns nicht aufrichtig genug. So verzichteten wir auf normalerweise ziemlich harmlose Zeitschriften wie „Eltern", „Brigitte" und andere. Der zunehmende Trend zu mystischen und magischen Themen, wie Yoga, autogenes Training, Sternzeichen, Kupferbänder, und auch die Dominanz von Berichten zu außerehelichen Partnerschaften, feministischen Bekenntnissen, sexuellen Abartigkeiten usw. erforderte diese Entscheidung.

Da aber jeder auch etwas zum Blättern und Schmökern braucht, hielten wir Ausschau, ob so etwas für die ganze Familie nicht auch auf dem christlichen Markt zu bekommen ist. Viel gibt es noch nicht; hier ist noch ein weites Arbeitsfeld für journalistisch begabte Christen.

Aber zum Beispiel die christliche Familienzeitschrift „ethos" oder christliche Kindercomics sind schon ein Anfang, das Entspannungs- und Schmökerbedürfnis auf gute Weise zu befriedigen. Darüber hinaus haben wir christliche Romane und Lebensbilder ganz neu entdeckt, wenn uns ein Sachbuch an einem Abend zu viel Mühe machen sollte.

Gerade im Bereich der Kinder- und Jugendlektüre hat sich mit Büchern, Schallplatten und Kassetten in den letzten Jahren eine ganz neue Welt aufgetan, so daß christliche Eltern keine Mühe mehr haben, ihr Haus mit entspannender oder spannender, bibelkundlicher oder wissenschaftlicher Literatur zu bestücken. Ein Kind, das zum Lesen angeregt und angeleitet wird, erweitert seinen

Horizont. Manche Kinder sind von Natur aus ausgesprochene Leseratten, den anderen kann man durch eine festgelegte Lesezeit etwas auf die Sprünge helfen.

Vor der Mattscheibe

Das Fernsehen ist nicht mehr aus dem Alltag des Bundesbürgers wegzudenken, und doch ist es eine recht junge Einrichtung. Noch nicht einmal drei Jahrzehnte ist es her, daß die Flimmerkiste die Herrschaft über den Zeitablauf unzähliger Familien angetreten hat.

Besonders bei den Kindern hat das Fernsehen binnen einer Generation den Alltag grundlegend verändert. In der Intensität der Bewußtseinsbildung kann sein Einfluß dem der Schule gleichgesetzt werden.

Die beliebteste Freizeitbeschäftigung

In 97% aller Haushalte in der Bundesrepublik steht mindestens ein Fernsehgerät. 77% der Bevölkerung sitzen an jedem Durchschnittswerktag vor dem Bildschirm. Sie haben das Gerät durchschnittlich drei Stunden werktags und viereinhalb Stunden an den Wochenendtagen eingeschaltet.

Kinder im Alter von 8 bis 13 Jahren sehen werktags etwa anderthalb Stunden, am Samstag und am Sonntag etwa jeweils zweieinhalb Stunden fern. Das sind Durchschnittszahlen, sie werden zum Teil noch wesentlich überschritten.

So erbrachte eine Umfrage unter 34 Hamburger Schülern einer 7. Klasse: drei Stunden und 25 Minuten Fernsehen pro Tag, das Wochenende mitgerechnet. Ein 13jähriger vermeldete, daß er werktags „nur“ sechs Stunden lang fernsehe, dafür aber am Wochenende insgesamt 20 Stunden. Ein 12jähriges Mädchen sieht sich Tag für Tag fünf bis sechs Fernsehsendungen an, rund vier bis sechs

Stunden lang. Dazu kommt noch der Konsum von Videofilmen.

Das Fernsehen ist zur beliebtesten Freizeittätigkeit der Familie geworden und hat als das am intensivsten genutzte Massenmedium eine Fülle von Problemen in die Familie gebracht, die die Generation vor uns noch nicht gekannt hat.

Wer erzieht die Eltern?

Bedenken über die Schäden eines unmäßigen Konsums von Fersehfilmen sind schon viele geäußert worden, und eigentlich scheinen sich auch alle in den negativen Auswirkungen einig zu sein. Nur geändert hat sich in den meisten Familien nichts.

Mit dem Fernsehverhalten scheint es ähnlich zu sein wie mit dem Nikotingenuß. Obwohl inzwischen – zwar nur ganz klein – unter jeder Zigarettenreklame zu lesen ist, daß Nikotin der Gesundheit schade, qualmt sich noch immer ein großer Prozentsatz der Bevölkerung zu Tode.

Meiner Beobachtung nach ist Fernsehen nicht so sehr eine Frage der Kindererziehung. Gibt es Fernsehprobleme in einer Familie, spiegeln sie oftmals die Unfähigkeit der Erwachsenen wider, sich selbst vom Fernseher zu lösen.

Die Frage von Eltern: „Wie kann ich meine Kinder nur dazu bewegen, weniger fernzusehen oder sich zumindest auf die Kindersendungen zu beschränken?“ ist schlichtweg falsch gestellt.

Die Grundfrage muß vielmehr lauten: „Wie können Eltern lernen, vom Fernsehen unabhängig zu werden und ein sinnvolles Familienleben zu führen?“ Wie so häufig erweist sich ein Problem der Kindererziehung zunächst als ein Problem der Elternerziehung.

Verändertes Familienleben

Das grundlegende Übel des Fernsehens liegt darin, daß es dem Familienleben Zeit stichlt. Jede Stunde vor dem

Kasten sind 60 Minuten weniger an Gesprächen, Feiern, Spielen, Spaß und gemeinsamer Arbeit.

Und wenn es tatsächlich stimmt, daß das Gerät in einem Haushalt durchschnittlich drei Stunden pro Tag läuft, was bleibt dann noch nach einem 8-Stunden-Arbeitstag für die Familie übrig?

Der gläserne Diktator

So ist in vielen Wohnungen der graue Bildschirm in der Ecke des Wohnzimmers zu einer Art Zeremonienmeister geworden. Er ordnet an, wie die Sitzecke ausgerichtet wird, wann die Telefonanrufe erledigt werden, an welchen Tagen Besuche erlaubt sind, ja selbst, wann die Toilette aufgesucht werden darf. Angestellte eines Wasserwerkes in New York haben festgestellt, daß der Wasserausstoß während der Unterbrechungen mit Werbespots immer schlagartig zunahm.

In 20% der Haushalte, so ergab eine ARD-Studie, läuft der Fernseher auch während des Abendessens. Dabei ist für viele Familien das gemeinsame Abendessen an Werktagen oft die einzige Möglichkeit, zusammenzusitzen und über die Erlebnisse des Tages zu plaudern. Statt dessen wird das Abendessen schweigend hinuntergeschlungen.

Rückt die Schlafenszeit für die Kinder heran, besteht das Problem, sie vom Bildschirm wegzubekommen. „Trotz fester ‚Regelung' ist dies manchmal nur durch ein entschiedendes Machtwort der Eltern möglich. Das Kind wird dann schließlich auch gehorchen, aber zum einen wirkt die Enttäuschung in ihm nach, die ein solch abrupter Abbruch des Fernsehens nun einmal bewirkt, zum anderen sind die Reize und Bilder der gesehenen Sendung noch lebendig in ihm – die ungünstigste Voraussetzung für ein Kind, das schlafen soll. Längeres Wachsein im Bett und Unruhe sind die Folge." (49)

Wie anders wirkt doch die gute alte Zubettgehzeremonie auf das Gemüt des Kindes: Vater oder Mutter kommen noch für ein paar Minuten ans Bett, erzählen, schmusen, lesen eine Geschichte und beten mit den Kindern. Sie erfüllen damit das wichtige Bedürfnis nach Geborgenheit und gefühlsmäßiger Verbundenheit.

Aber dafür ist in vielen Familien kein Raum mehr vorhanden. Selbst wenn Eltern den Rat von Medienpädagogen befolgen und ihre Kinder nach dem Abendbrot nicht vor den Fernseher lassen, wird das Familienklima belastet, wenn sie selbst fernsehen wollen. Die Kinder betteln oder hängen lustlos herum. Und ausgerechnet die Nachrichten laufen zu einer Zeit, in der Eltern für ihre Kinder dasein sollten. Da werden insbesondere die Väter auf die Probe gestellt, die keineswegs auf den Fernsehgenuß nach dem Abendbrot verzichten wollen.

Kommunikation auf Sparflamme

So wie das Zubettgehzeremoniell zerstört wird, droht die Kommunikation in der Familie zu verkümmern. Hat uns das Fernsehen nicht ein Paradoxon beschert: es wird Kommunikationsmittel genannt und verhindert doch gleichzeitig das Mitteilungsbedürfnis? Zur Kommunikation gehören nun einmal das spontane Aussprechen von Gedanken und Gefühlen, der Blickkontakt, unsere Mimik und Gestik, die emotionale Verbundenheit und auch der Austausch von Zärtlichkeiten.

Das alles macht das Fernsehen zunichte. Auch wenn die Familie dicht nebeneinanderhockt, sind die einzelnen geistig voneinander getrennt. Jeder wird zum Gefangenen des Geschehens auf dem Bildschirm; es gibt keine direkten Gespräche mit Blickkontakt mehr.

Fernsehen als Erziehungsmittel

Obwohl Eltern es nicht beabsichtigen, so setzen sie dennoch das Fernsehen als ein Erziehungsmittel ein, das auch noch eindrucksvoll wirkt.

Der Druck auf den Knopf kommt in der Wirkung einer Beruhigungspille gleich, besonders zu Zeiten, wo Eltern Ruhe dringend nötig haben. Kein Kind quengelt mehr, nervt mit Fragen, streitet sich mit Geschwistern oder macht Sachen kaputt, wenn es vom TV-Gerät in den Bann gezogen wird.

Der Fernseher bewährt sich auch als „Babysitter" bei Einkäufen oder beim abendlichen Ausgehen. Es ist ja so beruhigend, die Kinder vor dem Bildschirm zu wissen, weil sie dann nichts Schlimmes anstellen!

Fernsehen als Mittel zur Belohnung oder Androhung von Strafe wirkt Wunder, wenn elterliche Forderungen oder kindliche Pflichten zu erfüllen sind. Durch die Drohung: „Wenn nicht aufgeräumt wird, gibt's heute kein Fernsehen!" läßt sich die Ordnung im Kinderzimmer wie im Fluge wiederherstellen.

Allerdings führt der Versuch, Kinder mit Fernsehverbot bzw. -erlaubnis lenken zu wollen – so erfolgreich er am Anfang auch aussehen mag –, in eine ausweglose Erziehungsfalle. Einmal verlockt die Alternative „Fernsehen: ja oder nein" dazu, Machtkämpfe zwischen Eltern und Kindern zu entfachen. Zweitens wird das erreicht, was die meisten Eltern gerade nicht wollen: die Benutzung des Gerätes steht im Mittelpunkt des kindlichen Denkens und Handelns. Die Fixierung ist perfekt.

Veränderte Kinder

Während noch vor einiger Zeit Medienpädagogen den kindlichen Fernsehkonsum mehr verharmlosend und besänftigend beurteilten, sind heute schon drastischere Aussagen zu hören.

Eine Kommission der amerikanischen Akademie der Kinderärzte gelangte nach einer Großstudie über die Wirkung des Fernsehens auf Kinder zu der Feststellung, daß unter jungen Großkonsumenten von Fernsehsendungen überdurchschnittlich viele Kinder folgende Eigenschaften aufwiesen: Aggressivität, Fettleibigkeit und Neigung zur Frühsexualität.

Wenn wir die veränderten Lebensgewohnheiten von Kindern beurteilen wollen, müssen wir in erster Linie danach fragen, was durch das Fernsehen in ihrem Leben verdrängt worden und was neu hineingekommen ist.

Verkümmerung des kindlichen Spiels

Man muß nicht lange grübeln, um zu der Erkenntnis zu kommen, daß die Zeit vor dem Fernseher eine Reihe wichtiger kindlicher Tätigkeiten verdrängt: Spielen, Lesen, Tagträumen, Nichtstun und selbst Schlafen.

Gerade das Spiel macht nicht nur Spaß, sondern ist darüber hinaus eine der Grundvoraussetzung für eine gesunde Entwicklung. In dem Maße, wie ein Kind Spielmöglichkeiten und -anregungen erhält, entwickeln sich sein Sinn für Regeln, räumliches Vorstellen und technisches Denken sowie seine Phantasie und Kreativität. Alles Spielen ist auch Lernen!

„Das Fernsehen reduziert nicht nur das zeitliche Ausmaß des kindlichen Spiels, es verändert auch die Art und Weise des Spielens. Die Kindergärtnerinnen wissen ein Lied davon zu singen. Sie klagen über die zunehmende motorische Unruhe und Zappeligkeit der Kinder, die sie neu aufnehmen. Viele Kinder können gar nicht richtig spielen, weder in Form eines spontanen Rollenspiels noch in Form einer experimentierenden Materialerkundung. Ihre innere Gestaltungskraft ist verkümmert." (50)

Fernsehkinder – kluge Kinder?

Aber bringen die Fernsehsendungen nicht ein großes Bildungsangebot, und fördern sie nicht die Intelligenz unserer Kinder?

„Mit Hilfe verschiedener Studien konnte nachgewiesen werden, daß Fernsehen bei Schulkindern keine Verbesserung des Sachwissens in Geistes- und Naturwissenschaften bewirkt und daß Kinder, die häufig fernsehen, auch nicht besser über aktuelle Tagesereignisse informiert sind als Kinder, die selten vor dem Bildschirm sitzen. Kinder lernen Neues vom Fernsehen vor allem in der Vorschulzeit.

Im vierten Schuljahr schneiden Vielseher bei Wissenstests allgemein schlechter ab als Wenigseher. Damit soll nicht gesagt werden, daß Kinder gar kein Sachwissen durch das Fernsehen bekommen. Ihr Sachwissen ist nur nicht größer als das anderer Kinder, die in der Schule gut mitmachen. Viele Eltern rechtfertigen den hohen Fernsehkonsum ihrer Kinder nämlich damit, daß Fernsehen Wissen vermittle. Das ist ein Trugschluß. Kinder sehen fern, weil es ihnen Spaß macht und weil sie sich unterhalten wollen, kaum, um mehr zu lernen." (51)

Besonders für die Sprachentwicklung erweist sich das Fernsehen mehr schädigend als fördernd. Ein Kind, das viel fernsieht, erhält entsprechend weniger Gelegenheit, seine eigenen Erlebnisse sprachlich auszudrücken. Noch schlimmer: da viele Sendungen – insbesondere solche, die die Kinder gerne sehen – nur kurze informative, oft unvollständige Sätze enthalten, sieht das Sprachvermögen von Fernsehkindern auch dementsprechend aus. Zu allem Überfluß lernt es auch noch gewalttätige, unhöfliche und gossenhafte Ausdrücke.

Die richtigen Vorbilder?

Schwerpunkt dieses Buches sind die „geheimen Miterzieher", die die Seele unserer Kinder formen. Gerade in Fernsehsendungen finden wir sie in geballter Form. In dem Maße, wie das eigene spielerische Erleben, die Gemeinschaft und Kommunikation mit den Eltern durch das Fernsehen verkürzt werden, wächst auch der Einfluß von Fernsehvorbildern auf das Kind.

Und das nicht nur ab und zu, sondern ständig. „In manchen Familien besteht mehr Gemeinschaft mit dem elektronischen Erzieher als mit den leiblichen Eltern.

Die Vorbilder prägen sich besonders tief ein, weil die Beeinflussung weniger durch gedankliches Erfassen und Bewußtmachen geschieht, sondern vielmehr durch das gefühlsmäßige Berührtwerden und Gepacktsein durch den Film.

„Ohne erhobenen Zeigefinger und ohne aufgetragene Moral können uns auf unterhaltende Art die verschiedensten Verhaltensmuster eingeprägt werden. Dies mag ein neues Rollenverständnis von Mann und Frau sein oder das Verständnis für Andersdenkende und Minderheiten, es kann die Einstellung zu den Organen des Staates sein oder mein sexuelles Verhalten. Während der ZDF-Klausurtagung 1976 in St. Goar führte Professor Stachel, Mainz, überzeugend aus, daß die Sensibilisierung des Menschen, besonders der Jugend, im erotischen Bereich vor allem durch die Vorbilder und Beispiele in Fernsehspielen ausgelöst worden sei und nicht so sehr durch die Sex- und Aufklärungswelle der Illustrierten." (52)

Bettler und Nörgler

Die Bewußtseinsmanipulation des Zuschauers tritt am vordergründigsten beim Werbefernsehen auf. Diese Spots sind bei Kindern noch beliebter als Kindersendungen. Wie gut die Reklameslogans in den Köpfen sitzen, beweist die junge Generation, wenn sie Werbesprüche gekonnt nachäfft.

Kinder können aber bis ins Grundschulalter hinein kaum zwischen realen und fiktiven Fernsehinhalten unterscheiden. Sie nehmen auch das Werbefernsehen für bare Münze und glauben, daß die Produkte wirklich so begehrenswert und lebenswichtig sind, wie ihnen weisgemacht wird.

Die Tausende von Werbespots, die ein Kind hört und sieht, haben mehr und andere Folgen, als nur seine Vorliebe für diesen oder jenen Markenartikel zu wecken. „Sie beeinflussen seine Vorstellung davon, wie die Welt beschaffen ist und worum es im Leben geht – offenbar vor allem um die Anhäufung materieller Güter. Die Absicht (oder zumindest die Wirkung) eines großen Teils der auf Kinder abzielenden Werbespots besteht darin, hartnäckige Bettler und Nörgler aus ihnen zu machen." (53)

Aggressive Kinder

Wenn man daran denkt, daß das Fernsehen seinen Siegeszug vor etwa 30 Jahren angetreten hat und uns andererseits die Polizeistatistiken für diesen Zeitraum eine Verdreifachung der Kriminalität und Gewaltdelikte bescheinigen, drängt sich die Frage auf, ob hier wohl Zusammenhänge bestehen.

Der durchschnittliche junge Fernsehkonsument hat, ehe er volljährig wird, im Fernsehen einige zehntausend Gewaltakte bis hin zu Folterung und Mord erlebt. Dabei tritt die Gewalt, die Kinder im Fernsehen erleben, in vielfältig differenzierten Formen auf: nicht nur als körperliche Gewalt, sondern ebenso in Form von Vorurteilen, Diffamierungen, durch Darstellungen von Lieblosigkeit oder Verlassenheit.

Es wäre naiv zu meinen, so etwas würde einen Menschen nicht beeindrucken und beeinflussen. Wie viele widerstreitende Expertenmeinungen und Untersuchungen sind nicht schon zu diesem Thema veröffentlicht worden! Aber diejenigen, die die negativen Folgen herausstellen, bestätigen das, was aufmerksame Eltern ohnehin beobachten.

So kommt eine Studie zu dem Schluß: „Je mehr Gewalt und Aggressivität ein Kind im Fernsehen zu sehen bekommt, desto aggressiver ist es in der Regel in seinem eigenen Denken und Verhalten. Dieser Zusammenhang zeigte sich nicht etwa nur bei Kindern, die in irgendeiner Hinsicht abnorm waren, sondern bei einer großen Zahl völlig normaler Kinder."

Weiter heißt es: „Es sieht so aus, als baue das Fernsehen die Aggressionshemmungen, die dem Kind von den Eltern und von anderen Sozialinstanzen beigebracht worden sind, teilweise oder ganz wieder ab. Das Fernsehen kann auch dazu beitragen, daß Kinder und Jugendliche unempfindlich werden gegen Brutalitäten, die anderen zugefügt werden, erleben sie doch im Fernsehen immer wieder, daß jemand, der zusammengeschlagen wird, eine Woche später, in der nächsten Folge der Serie, wieder gesund und munter auftaucht." (54)

Ängstliche Kinder

Katastrophen, Grusel, Horror und Gewalt im Fernsehen züchten auch Angst und Mißtrauen. Eine Untersuchung mit Vorschulkindern kommt zu dem Ergebnis, daß 57 Prozent der Kinder zu Angstreaktionen vor dem Fernsehschirm neigen.

Während wenigsehende Kinder zu Furcht neigen, wenn sie vor dem Bildschirm sitzen, zeigen Vielseher überdurchschnittlich starke Angstreaktionen, wenn sie allein aus dem Haus gehen oder im Dunkeln im Bett liegen. Dies ergab eine Befragung von 2300 Kindern zwischen sieben und elf Jahren.

„Wie der amerikanische Ärzteverband berichtete, neigen die Leute – Kinder und Erwachsene gleichermaßen –, die sich am häufigsten Kriminalfilme und -serien anschauen, in weit überdurchschnittlichem Maß dazu, sich Sicherheitsschlösser, Wachhunde oder Waffen zum Selbstschutz zuzulegen. Sie haben auch größere Angst, bei Dunkelheit allein auf die Straße zu gehen. Ferner zeichnen sich die Angehörigen dieser Personengruppe dadurch aus, daß sie ein dezidiert negatives Menschenbild haben, das heißt ihren Mitmenschen wenig Gutes zutrauen. Sie vertreten in der Regel die Überzeugung, man müsse auf sich aufpassen und könne im Umgang mit anderen Leuten nicht vorsichtig genug sein." (55)

Wie handhabt man die „Droge im Wohnzimmer"?

Nun habe ich mit den ausgewählten Zitaten ein überwiegend negatives Bild über den Einfluß des Fernsehens gezeichnet.

Natürlich kann man auch von Fernsehsendungen lernen und angenehme Unterhaltung erfahren, denken wir nur an wissenschaftliche oder kulturelle Themen. Aber wenn man sich noch einmal alle Einflüsse vor Augen hält, überwiegen die negativen bei weitem.

So gibt es von den verschiedenen Medienpädagogen eine Fülle von Ratschlägen und Vorsorgemaßnahmen zu dem Thema „Kind und Fernsehen", die im Alltag recht schwer einzuhalten sind und anmuten wie Ratschläge für den Umgang mit einer hochgefährlichen Droge. Wäre es da nicht besser, das Gift ganz abzuschaffen, als ständig seinen Gefahren ausgesetzt zu sein?

Vance Packard nennt folgende Vorsichtsmaßnahmen:

„– Das Fernsehendürfen sollte niemals als Belohnung, das Fernsehverbot niemals als Strafe eingesetzt werden. Dadurch wird das Fernsehen in den Augen der Kinder nur aufgewertet.

– Kinder, deren Eltern sparsam fernsehen, entwickeln sich in der Regel nicht zu notorischen Röhrenguckern. Oder, andersherum gesagt: Wer die Fernsehgewohnheiten seiner Kinder lenken möchte, sollte zunächst einmal seine eigenen beobachten und sie, wenn nötig, ändern.

– Kinder unter fünfzehn Jahren sollten keinen unbegrenzten Zugang zum Fernsehen haben, etwa durch einen eigenen Apparat in ihrem Zimmer.

– Kinder unter sechs Jahren sollten nur gelegentlich und unter Aufsicht fernsehen.

– Für Schulkinder bis zur vierten Klasse sollte man eine tägliche ‚Regel-Fernsehzeit' von maximal einer Stunde sowie ein Maximum von fünf Fernsehstunden am Wochenende einführen. Das wären zusammen zehn Fernsehstunden wöchentlich, mehr als manche Kinderpsychologen für ratsam halten, aber andererseits weniger als die Hälfte dessen, was heute als normal gilt." (56)

Andere geben noch den Ratschlag, das TV-Gerät nicht im zentralen Wohnbereich, sondern in einem Nebenraum oder gar im Keller aufzustellen.

Eine weithin bekannte Regel lautet: Bei allen Sendungen, die die Kinder sehen, sollte mindestens ein Elternteil dabeisein, damit man während oder nach der Sendung mit den Kindern darüber sprechen kann.

Manche Eltern gehen am Anfang der Woche mit ihren Kindern die Programmzeitschrift durch und wählen gemeinsam Sendungen aus, die sehenswert sind, damit die Kinder lernen, auszuwählen. Das erweist sich allerdings als um so schwieriger, je größer die Familie ist.

Der beste Ratschlag ist wohl der, mit den Kindern möglichst oft etwas zu unternehmen und damit das Familienleben so auszufüllen, daß für das Sitzen vor der Mattscheibe weder Zeit noch Interesse übrigbleibt.

Die obengenannten Verhaltensmaßnahmen, die heute von Medienpädagogen ratsuchenden Eltern erteilt werden, räumen den bestehenden Grundkonflikt, den das Fernsehen in der Familie schafft, aber keineswegs aus. Sie mildern ihn allenfalls.

Nach wie vor kann die Art der Sendungen und die Häufigkeit des Anschauens Streitpunkt Nummer eins sein. Dazu kommt, daß die meisten Eltern gar nicht die Kraft und Zeit haben, um die Maßnahmen durchzusetzen und zu kontrollieren.

Einige der Anweisungen stellen sich auch als schwer praktizierbar heraus. Wird der Fernseher tatsächlich in den Keller gestellt, ist der Fernsehkonsum der Kinder noch schwerer zu kontrollieren. Jede Woche um die Sendungen zu feilschen, die gesehen werden dürfen, ist auch sehr ermüdend. Welche Mutter setzt sich schon Tag für Tag – oder auch nur dreimal in der Woche – zu ihrem

Kind vor die Flimmerkiste, um dann während der Sendung (was kaum möglich ist) oder hinterher mit ihm darüber zu sprechen? Eltern sollen ja möglichst dabeisein, damit sie ihren Kindern, falls diese „emotional beunruhigt" werden, durch ihre Gegenwart über das Problem hinweghelfen können.

Familie ohne Fernsehen

Angesichts all dieser aufwendigen und zeitraubenden Vorsichtsmaßnahmen, die ja die Freizeitgestaltung einer Familie noch zusätzlich beeinträchtigen, wundert es mich, daß kaum jemand den Vorschlag macht, den Fernseher ganz zu verbannen. Denn der notwendige Bedarf an Informationen, Unterhaltung und Bildung kann auch durch andere Medien abgedeckt werden.

Die Sorge, Kinder würden dann in einer irrealen heilen Welt aufwachsen, brauchen wir nicht zu haben. Es verbleiben noch genügend Konfliktträume, die durchzustehen sind, und über Gewalt berichten auch andere Medien. Nur sind hier traumatische Identifikationen und Ängste weniger zu befürchten.

Wenn Sie sich zur Fersehabstinenz entschließen, dann schalten Sie eine Menge Probleme aus und schaffen fast unglaublich viele neue Möglichkeiten für Ihre Familie.

Unsere Familie gehört zu den drei Prozent „Aussteigern" der Gesellschaft, die ohne Fernsehapparat auskommen. Die Befürchtungen und Einwände, die gegen einen Verzicht auf das Fernsehen ins Feld geführt werden, können wir und andere fernsehfreie Familien – auch nach vielen Jahren – nicht bestätigen.

Es sind hauptsächlich drei Einwände, die häufig erhoben werden. Ich möchte sie, nachdem ich sie genannt habe, anhand unserer Erfahrungen entkräften:

1. Kinder ohne Fernsehen versäumen wichtige Bildungsangebote und Lernmöglichkeiten.

2. Die Kinder können gar nicht mitsprechen, wenn Klassenkameraden sich über bestimmte Sendungen unterhalten. Sie fühlen sich benachteiligt und ausgeschlossen.

3. Wie soll man die Kinder davon abhalten, bei Nachbarskindern und Freunden fernzusehen? Wer weiß, was sie dort sehen? Dann ist es doch schon besser, selbst ein Gerät zu haben und die Sehgewohnheiten zu kontrollieren.

Der erste Einwand ist wohl am ehesten zu entkräften. Wie ich schon ausgeführt habe, bestätigen die vorliegenden empirischen Untersuchungen nicht die Annahme, daß regelmäßiger Fernsehkonsum auf die sprachliche Entwicklung, das Sachwissen und gewisse psychische Bereiche einen langfristig nachweisbaren Förderungseffekt hat.

Positive Effekte sind trotzdem vorstellbar. Nur überwiegen meiner Meinung nach die negativen Aspekte eines regelmäßigen Fernsehkonsums. Man kann auf die positiven Resultate durchaus verzichten, bzw. sollte sich bemühen, diese durch andere Medien zu erreichen.

Die Zeit, die durch den Verzicht auf das Fernsehen frei wird, kann effektiver genutzt werden. Da der generelle Feind des Fernsehens das kindliche Leseinteresse ist, werden Bücher in einer fernsehfreien Familie eine wesentliche größere Rolle spielen. In unserem Haus wird viel gelesen, diskutiert und sich Zeit genommen, aktuelle Fragen durchzusprechen.

Ich habe in meinem Leben nie viel vor dem Fernsehgerät gesessen. Dazu war mir der Zeitaufwand zu groß. Selbst dann, wenn ich meinen Bildungshorizont erweitern wollte und entsprechende Sendungen herausgesucht habe, schien mir der Griff nach einem Fachbuch häufig informativer, als die oftmals einseitigen Kommentare und Meinungen zu hören. Was uns die Redakteure zeigen, ist nun einmal eine zurechtgesuchte Welt aus zweiter Hand. Selbst die Tagesschau bringt nicht das, was das Studium einer guten überregionalen Tageszeitung vermittelt. Und nach einem guten Spielfilm im Fernsehprogramm müssen Sie als Christ lange suchen.

Damit spreche ich mich nicht generell gegen das Fernsehen aus oder verteufele es gar; es gibt auch ausgezeichnete, sehenswerte Sendungen, sowohl für Erwachsene als auch Kinder. Aber damit diese Sendungen ihre entsprechende Wirkung behalten, sollten sie außergewöhnlich bleiben, wie etwa ein Theater-, Kino- oder Konzertbesuch.

So möchte ich ein Fernsehgerät genutzt wissen; und für diese wenigen Male brauche ich den Kasten mit all seinen Verführungen und seinem innerfamiliären Konfliktstoff nicht im Haus stehen zu haben.

Natürlich wird solch ein Lebensstil auch auf Schwierigkeiten stoßen – wie immer, wenn man gegen den Strom schwimmt.

Sicher werden sich Kinder aus Familien ohne Fernsehgerät in einer Gruppe, in der sich alle Gespräche nur um TV-Sendungen drehen und wo geprahlt wird, wer den Spätfilm noch mitsehen durfte, fremd und eventuell als Außenseiter fühlen.

Es gibt auch Lehrer, die Fernsehsendungen in den Unterricht mit einbeziehen. Obwohl es bei unseren neun Schulkindern nicht sehr häufig vorkam. Sie rieben sich die Hände, wenn sie, versehen mit einer Entschuldigung von mir, die Hausaufgaben nicht zu machen brauchten.

Ob Ihr Kind sich benachteiligt fühlt, hängt davon ab, wie Sie dieses Thema anpacken. Zunächst zu den Freunden. Ständig mit fernsehgeprägten und -süchtigen Kindern zusammenzustecken, halte ich für meine Kinder auf die Dauer sowieso nicht für wünschenswert. Von diesen Cliquen ausgeschlossen zu sein, das ist gar nicht schlecht. Ich habe festgestellt, daß es – auch unter Nichtchristen – genügend fernsehmißtrauische Eltern gibt. Da gibt es genügend Kontaktmöglichkeiten.

Versetzen Sie Ihr Kind in die Lage, daß es seine außergewöhnliche Situation nicht als Mangel, sondern als Auszeichnung versteht, auch wenn diese Auszeichnung hin und wieder schmerzt. Erschließen Sie ihm Aktivitäten und Beschäftigungsmöglichkeiten, so daß es gar keine Zeit und Lust hat, nach dem Fernseher zu betteln. Bis es zu dieser Haltung kommt, kann natürlich einige Zeit vergehen.

Vor allen Dingen, nehmen Sie sich mehr Zeit für Familienaktivitäten, Zeit, die Sie jetzt ja endlich haben. Ein Kind wird das sehr wohl zu honorieren wissen.

In einer Familie mit mehreren Kindern fällt es immer leichter, die Zeit fernsehfrei zu verbringen. Es ist einfach mehr Leben im Haus. Die Investitionen für wertvolle Beschäftigungsmöglichkeiten erscheinen sinnvoller, wenn sie, statt für ein oder zwei Kinder, für vier oder – wie bei uns – gar für elf Kinder getätigt werden.

So haben wir die Kosten für ein Farbfernsehgerät auf ein Pony umgelegt, eine Bastelwerkstatt eingerichtet und viele andere Möglichkeiten der handwerklichen und kreativen Betätigung geschaffen. Langeweile kennen wir kaum in unserem Haus, es gibt immer etwas zu tun.

Trotz vieler Beschäftigungsmöglichkeiten wird es auch Kinder geben, die recht antriebsschwach sind. Ich habe sie auch in meiner Schar. Aber gerade für sie ist ein Fernsehgerät das letzte, was sie brauchen. Solche Kinder würden, wenn sie nur könnten, ständig davorhängen. Sie brauchen statt dessen stetige Ermutigung und Anleitung zu sinnvoller Beschäftigung.

Seit dreizehn Jahren habe ich bei keinem meiner Kinder beobachtet, daß es aufgrund unseres fernsehfreien Lebens von anderen Kindern verlacht oder abgeschoben worden ist. Eher das Gegenteil ist eingetreten: unser Grundstück ist zum beliebten Anziehungspunkt für die Kinder aus der Nachbarschaft geworden, denn bei Mühlans ist immer etwas los.

Vor einiger Zeit ist mir ein Schmierzettel einer meiner Töchter in die Hand gefallen, auf dem sie Schulfragen zum Fernsehen beantwortet hat. Ihr Kommentar, den ich zufällig gelesen habe, lautete: „Wir haben kein Fersehen! Wir brauchen auch kein Fernsehen, denn wir haben keine Zeit dazu. Ich habe neun Geschwister, einen großen Garten, ein Schwimmbecken, drei Ponys, einen Hund und … und … und.

Wie sieht es nun mit dem heimlichen Fernsehen bei Klassenkameraden oder bei Nachbarn aus?

Wenn Kinder und Eltern sich einig sind über ein fernsehfreies Leben und das Kind auch die Vorteile des eigenen Familienlebens verspürt, dann ist ein gelegentliches Gucken außer Haus überhaupt kein Problem.

Ein Hinweis, daß wir auf Fernsehen keinen Wert legen, reicht oftmals aus, daß andere Eltern den sonst ständig laufenden Kasten für einen Nachmittag stillegen.

Schwieriger ist es schon beim Umgang mit fernsehsüchtigen Schulkameraden berufstätiger Eltern, von denen man weiß oder ahnt, daß sie jeden Nachmittag vor dem Bildschirm sitzen und auch ungehinderten Zugang zu Vatis Videoschrank haben. Ist die Situation so, dann haben Sie ruhig den Mut, Ihrem Kind den Besuch dort zu verbieten.

Ich mußte es einmal mit einem meiner Jungen machen, fügte allerdings das Angebot an, daß er mit seinem Freund jederzeit zusammen auf unserem Grundstück spielen könnte. Der Schulkamerad ging nicht darauf ein, und mein Junge hatte bald wieder andere Freunde.

Der Video-Boom

Offen gesagt, das plötzlich auftauchende Gerede vom Video-Horror und der Aufschrei in der Presse, Kinder und Jugendliche müßten vor der Brutalität und den Grausamkeiten auf Videokasetten geschützt werden, schien mir ein wenig übertrieben. Selbst Fernsehanstalten, die sich sonst gar nicht prüde zeigen, stimmten in den Chor ein.

Horror selbst erlebt

Da auch im Kreise meiner Kinder Bemerkungen über Videofilme fielen, reifte in mir der Entschluß, mich zu informieren. Als dann von der Schule Flugblätter verteilt wurden über eine Informationsveranstaltung der örtlichen Kriminalpolizei, ging ich hin.

Offensichtlich hielt die leitende Beamtin uns Eltern für ziemlich abgebrüht: zunächst wolle sie uns einige Ausschnitte aus den bekanntesten Horror- und Brutalvideos zeigen, um danach weitere Informationen zu geben. Die Titel, die sie nannte, hatte ich schon in Presseartikeln gelesen: Zum Beispiel „Menschenfresser“ und der nach Familienidylle klingende Titel „Muttertag“.

Bevor der Kasten anlief, entschuldigte sie sich: „Bitte, verstehen Sie, wenn ich jetzt hinausgehe, die Sendung habe ich einmal gesehen. Das hat mir gereicht, diese Dinge belasten meine Nerven zu sehr.“ Daß Kriminalbeamte aber auch so sensibel sein müssen ...

Aber da lief der erste Streifen schon an. Ich sah Dinge, die später über Wochen hin mein Bewußtsein belasteten. Zwischendurch kniff ich die Augen zu, betete inständig und nahm die Bewahrung des Blutes Jesu für mich in Anspruch. Einige Anwesende verließen fluchtartig den Saal, andere klammerten sich aschfahl an ihren Sitzen fest. Daß Menschen es aushalten können, sich so etwas unbeschreiblich Bestialisches von vorn bis hinten anzusehen, und dann auch noch Unterhaltung dabei empfinden, ist für mich unvorstellbar.

Gewalt und Porno

„Muttertag“: Eine herrschsüchtige Mutter feuert ihre drei Söhne an, drei junge Mädchen gefangenzunehmen und sie bis aufs Blut zu quälen. Zum Muttertag morden die Söhne gleich zwei Frauen. Die Mutter strahlt: „Danke, Jungs, ihr habt mich glücklich gemacht.“ Es ist ein primitiv aufgemachter Gewaltstreifen mit wenig Szenenwechsel und minutiösen Horror-Szenen. Nur ein krankes Hirn kann sich so etwas ausdenken.

„Absurd“: Ein Geisteskranker durchbohrt im Hospital mit einem elektronischen Drillbohrer den Kopf einer Krankenschwester – in Zeitlupe.

„Die Klasse von 1984“: Eine Punk-Klasse terrorisiert, mordet und verbrennt Schüler. Der Höhepunkt: die Vergewaltigung der schwangeren Frau des Musiklehrers – in Zeitlupe.

Natürlich gibt es auf dem Markt auch andere Videos. Von den rund 6500 angebotenen Filmen stehen inzwischen 550 auf der Indizierungsliste – darunter auch die oben genannten. Darüber hinaus sind etwa die Hälfte aller auf dem Markt erhältlichen Spielfilmtitel als jugendgefährdend einzustufen. In der Regel seien diese Streifen im Kinoprogramm erst ab 18 Jahren freigegeben, veröffentlichte der Video-Experte, Staatsanwalt Thomas Pfleiderer.

Mutprobe unter Kindern

Solche Filme führen sich aber nicht nur lüsterne Erwachsene genußvoll selbst zu Gemüte, offensichtlich halten ein großer Prozentsatz von ihnen auch ihren Nachwuchs damit bei Laune.

Die Kriminalbeamtin meinte während des Vortrags: „Eltern waren auf diesem Gebiet noch nie so desinteressiert, gleichgültig und verantwortungsflüchtig. Unsere Beamten sind eine Menge an Grausamkeiten gewohnt. Aber was sie sich bei Kontrollen in manchen Videotheken ansehen mußten, hat sie betroffener gemacht als alles zuvor Erlebte.“

Zum Thema Brutal-Video wurde an nordrhein-westfälischen Hauptschulen eine Fragebogenaktion durchgeführt. Die Bundesprüfstelle für jugendgefährdende Schriften ließ nach der Auswertung erklären: „Man kann davon ausgehen, daß mindestens die Hälfte aller 14jährigen so etwas schon einmal gesehen hat oder doch zumindest weiß, wie man es beschafft."

Nach einer Schätzung des niedersächsischen Kultusministers sehen von den 115 000 Landeskindern im Alter von 13 bis 14 Jahren etwa zwei Drittel Videos – darunter häufig grausame. Auf den Schulhöfen gibt es einen schwunghaften Handel mit härtesten Videos.

Eine Hamburger Lehrerin berichtet: „Fast täglich werden Verabredungen zu Video-Veranstaltungen getroffen. Die Eltern sind zur Arbeit, der Videoschrank unverschlossen. Bei einem Eintrittspreis von 50 Pfennig bis zwei Mark sehen Kinder einzelne Filme nicht selten bis zu 25mal."

Das Betrachten der Videos gilt unter Schülern auch als Mutprobe: wer bis zum blutigen Ende aushält, gilt als ganzer Kerl, wer vorzeitig geht, als Memme.

Apokalyptische Zukunftserwartungen

Kein Wunder, daß nun nach gesetzlichen und anderen Maßnahmen gerufen wird, mit denen man die Woge einer fast nicht mehr beschreibbaren Brutalität vor allem auf dem Markt der Videofilme wenigsten eindämmen kann.

Auch wenn einige gesetzliche Verschärfungen auf dem Videomarkt durchgesetzt wurden: letztlich blieb es bei einer Kapitulation vor der Horrorwelle. Ähnlich unabwendbar sind schon Fernseh-, Comic-, Alkohol-, Drogen-, Gewalt- und Pornowellen über uns hinweggeschwappt, ohne daß man ihrer Herr geworden wäre.

Die Fragen müssen tiefer gehen: Woher kommt die ungeheure Nachfrage nach diesen Entsetzlichkeiten? Was befähigt Millionen junger Menschen, diese zum Teil Ekel oder Brechreiz erzeugenden Produkte mit kühlem Gleichmut über sich ergehen zu lassen?

Es läßt sich kaum leugnen, daß beim Konsumenten eine langsame, aber stetige Entwicklung zu einer immer deutlicher werdenden Unempfindlichkeit gegen alle Reize sowohl in bezug auf die Sexualität als auch auf Gewalt und Grausamkeit stattgefunden hat.

Und nicht nur das: in Polizeiakten häufen sich Berichte von Nachahmungsdelikten des zuvor in Videofilmen Gesehenen. Die sogenannte Katharsistheorie, mit der behauptet wird, die Darstellung von Gewalt erfülle beim Zuschauer eine Ersatzfunktion und baue angestaute Aggressionen ab, wird von der Praxis ad absurdum geführt.

Hier tickt eine Zeitbombe, wie es ein Minister formulierte. Was wird aus einer Kindergeneration werden, die ohne elterliche Liebe aufwächst, aber mit Gewalt und Pornos gefüttert wird? Sie wird einmal unsere Gesellschaft repräsentieren und die Staatsgeschäfte führen!

Diese Fakten drängen apokalyptische Zukunftserwartungen auf, wie sie die Bibel für die letzten Tage beschrieben hat.

Kinozauber

Weihnachtszeit – Kinozeit. Die ruhigen Tage zum Jahreswechsel veranlassen manch einen, mehr auf die Kinoprogramme zu schauen in der Hoffnung, sich einen spannenden oder unterhaltsamen Film anschauen zu können. Gerade alte, bewährte Filmklassiker erleben in diesen Tagen eine Renaissance.

Kinder bilden vor den Kinokassen lange Schlangen, um sich von dem Zauber der Filmwelt einfangen zu lassen. Aber was ist das für eine Welt, die sie da gefangennimmt?

Ich greife nur einmal Weihnachten 1984 heraus. Da schocken die gräßlichen „Gremlins“ das jugendliche Publikum. Bastian aus der „Unendlichen Geschichte“ darf erneut seine Reise in eine andere Wirklichkeit antreten.

Ein neuer Tarzan ist auch mal wieder da, und, wie schon im Vorjahr, hüpft noch einmal „Das letzte Einhorn“ durch eine bunte Zeichentrick-Geschichte.

Während 1982 der Film „E.T. – das außerirdische Wesen“ der absolute Renner war und 1983 „Die Rückkehr der Jedi-Ritter“ die Kassen füllte, so war zu Weihnachten 1984 eine neue Hollywood-Erlöserstory der Schlager: „Dune – Der Wüstenplanet“.

Eine neue Religiosität

Was hat es nun mit diesen Filmen auf sich? Alle eben genannten Filme – bis auf den lianenschwingenden Tarzan – haben sich einer neuen Religiosität verschrieben.

Westerngewalt, die salonfähige Pornographie, die Frankenstein-Horrorstreifen sind etwas in den Hintergrund getreten und haben einem Boom an Science-fiction- und Fantasy-Filmen Platz gemacht. Diese Streifen wenden sich nicht nur an die Erwachsenen, sondern sind für die ganze Familie da – häufig schon für Sechsjährige freigegeben.

Offensichtlich füllen diese Filme bei Tausenden von Zeitgenossen ein Vakuum aus. Anders sind die vollen Kinokassen und die schier endlose Kette von Neuerscheinungen dieses Genres kaum zu erklären.

Dabei sind diese Filme – insbesondere für Kinder – alles andere als harmlose Unterhaltung. Die moderne Filmszene ist von Magie und pseudoreligiösen Erlösertheorien aus dem Weltall durchdrungen.

Filmproduzenten und Regisseure äußern offen ihre Faszination und Ergebenheit für übersinnliche Mächte. So auch der Regisseur des Fantasy-Films „Excalibur“, John Boormann: „Wir sehnen uns alle nach Magie und Mythos, weil sie lebendiger Bestandteil des Menschlichen sind ... Ich glaube, daß der Film uns der verlorenen Magie wieder nahebringen kann. Weil er so sehr der Idee des Träumers und der Vorstellung von Mythos entspricht, ist der Film ein ausgezeichnetes Transportmittel, diese Gedanken zu verbreiten und zu vermitteln.“ (57)

Okkultismus und Hexerei

So ist die Kinoleinwand zum Altar der Teufelsverherrlichung geworden: ob sie sich nun in einer dämonischen Rauferei zwischen Schwarzer und Weißer Magie offenbart, wie in dem Kinder-Zeichentrickfilm „Das Einhorn“, in übernatürlichen Phänomenen, in dämonischer Besessenheit, in Okkultismus und Hexerei oder in der Sehnsucht nach einem Erlöser aus dem Weltall.

Eltern, die ihren Kindern für den Sonntagnachmittag ein paar Mark in die Hand drücken und sie die harmlosen modernen Märchen – wie die Fantasy-Filme leichtsinnigerweise auch bezeichnet werden – ansehen lassen, müssen wissen, daß den Teenagern Okkultismus und Hexerei in Reinkultur vor Augen geführt wird.

Zum Beispiel in dem als Abenteuerfilm ausgegebenen Streifen „Indiana Jones und der Tempel des Todes“: ein 13jähriger Junge mit okkulten Fähigkeiten ist einer der Hauptakteure. Die Zuschauer erleben einen Götzendienst mit, bei dessen Zeremonie die Beteiligten in ekstatische, dämonische „Anbetung“ verfallen, und nehmen an einem Menschenopfer teil, wo dem Opfer – nach Art spiritistischer Geistheiler – das Herz aus dem lebendigen Leib genommen wird.

Der Eintritt dazu ist frei ab 14 Jahren. Welche Beeinflussungen und Belastungen dieser Film hervorruft, kann man nur ahnen.

Ähnliche Greulichkeiten spielen sich in dem Weihnachtsfilm „Gremlins – kleine Monster“ ab: niedliche Kuscheltiere werden zu Teufeln, wie man sie sich schon vom Äußeren scheußlicher nicht vorstellen kann. Sie beginnen, gezielt und lustvoll, Menschen zu schrecken und zu morden. Sie zerquetschen mit einem Bulldozer ein älteres Ehepaar, das gerade Weihnachten feiert, gehen mit einer Motorsäge auf Menschen los, töten mit scharfem Biß. Genauso genüßlich wird gezeigt, wie man diesen Teufeln den Garaus macht: einer wird von einer Mixmaschine zerhackt, einer im Backofen zu Tode gebraten. In diesem Film wird das Böse geradezu zelebriert. Dadurch, daß das ganze Gemetzel am Heiligen Abend stattfindet und sich die Teufel ausgerechnet in einem Gebäude des CVJM vermehren, wird auch der christliche Glaube verhöhnt.

Antichristliche Erlöser

Wer meint, daß Filme wie „Die unendliche Geschichte“ oder der erfolgreichste Film der letzten Jahre „E.T. – das außerirdische Wesen“ harmloser seien und doch letztlich nur Unterhaltung böten, täuscht sich. Hier wird das Kind genauso mit magischer Macht konfrontiert, seine Neugierde nach Transzendentem und die Hoffnung auf antichristliche Erlösungsmechanismen geweckt.

Das Strickmuster dieser Filme ist einfach zu durchschauen: der kindliche Zuschauer soll von der Erlösung, die nur in Jesus Christus zu finden ist, abgelenkt werden. Ihm wird ein anderes Evangelium verkündet: die Lösung für persönliche Probleme wird in der Welt der Phantasien angeboten, die Hilfe wird aus dem Weltall erwartet oder manifestiert sich in dem häßlichen Gnom E.T., der Heilungskräfte hat und dem kleinen Elliot versichert: „Ich bin immer bei dir!“

Kinder, die sowieso schon dem christlichen Glauben entfremdet sind, wachsen mit einer neuen Religösität, einem neuen Evangelium auf.

Hölle und Tod den Eltern

Die Vorstellungen bei einem Kinderfilmfestival in Berlin dokumentierten, daß sich Filme für die junge Generation grundlegend geändert haben. Früher galt es als selbstverständlich, daß ein Kinderfilm glücklich endete. Heute ist eher das Gegenteil die verbindliche Regel. Das glückliche Zusammenleben, die heile Welt und das Happy-End gehören der Vergangenheit an.

Wie schon beschrieben, werden Kinder in Alpträume verursachende Horrorszenen hineingenommen und in eine neue Religiosität eingeführt. Aber nicht nur das: skrupellose Filmemacher treiben die Frühsexualität voran und schüren den Haß gegen die Elterngeneration.

So sind Entkleidungsszenen und angedeutete Geschlechtsakte in Filmen, die für Sechsjährige freigegeben sind, keine Seltenheit: in dem harmlos anmutenden Ferienfilm „Das total verrückte Strandhotel" gehören Geschlechtsspiele der Kinder und der Ehebruch der Eltern zum Urlaubsspaß. Einer der Höhepunkte ist der Geschlechtsverkehr eines Jungen mit der Mutter seiner Freundin.

Mit den Eltern haben die Regisseure von Kinderfilmen wenig Erbarmen. Hier eine grimmige Großmutter, die selbst vor Mord nicht zurückschreckt, dort eine sadistische Mutter oder ein sich ständig angeiferndes Ehepaar.

In dem holländischen Spielfilm „Familien-Bande", von dem sich der Regisseur Ruud van Hemert einen noch größeren Erfolg verspricht, als ihn der Kassenschlager E.T. hatte, wird zum Totalangriff gegen die Eltern geblasen:

Vier hübsch gekleidete, wohlsituierte Kinder machen ihren Eltern das Leben zur Hölle: beim Weckerrasseln geht neben dem Ehebett eine Bombe hoch, die Villa wird unter Wasser gesetzt, die Eltern werden nachts mit Gas betäubt. Und selbst die Kleinen reiben noch genüßlich Zwiebackkrümel ins Ehebett. Dabei wird nicht klar, warum die netten Kinder zum gemeinsamen Krieg gegen die Eltern blasen.

Der Schluß ist besonders lustvoll-makaber. Auf der Hatz nach ihren Kindern, die mit dem Auto flüchten, sausen die Eltern in eine Baugrube, die gerade zugeschüttet wird. Niemand bemerkt den Unglücksfall. Höhepunkt der geschmacklichen und filmischen Entgleisung: nur ein schlichter Antennenwimpel vom Auto ragt noch aus der frisch geteerten Straßendecke und zittert im Wind.

So hätten sie es gern, unsere filmischen Emanzipationsideologen! Hölle und Tod den Eltern, damit sie die Seelen der Kinder formen können!

Wir wollen ihre Kinder klauen ...

Wenn ein Kind erst einmal über zehn Jahre alt ist, wird Musikhören zu einem immer wesentlicheren Bestandteil seines Lebens. Deutlichstes Zeichen dieser Hingabe sind die unzähligen Teenager, die mit Kopfhörer und einem kleinen Walkman am Gürtel, abwesend oder verzückt mit dem Fuße wippend, in der Straßenbahn sitzen, auf dem Fahrrad vorüberfahren oder die Straße entlangschlendern. Die Umwelt zählt nicht mehr, sie sind in dem ohrenbetäubenden Lärm ihrer Stereokopfhörer gefangen.

Wie in einer Werbefachzeitschrift zu lesen war, hört der Durchschnittsteenager fast drei Stunden Musik pro Tag: oftmals nur nebenbei während anderer Beschäftigungen. Da der durchschnittliche Fernsehkonsum dieser Altersgruppe ebenfalls bei fast drei Stunden liegt, können wir daraus schließen, daß unsere Jugendlichen sich rund sechs Stunden täglich mit Tönen und Bildern aus irgendwelchen Geräten berieseln lassen. Manch einer kann die Stille schon gar nicht mehr aushalten, wie automatisch geht die Hand zum Einstellknopf.

Woodstock und seine Folgen

Die beliebteste Musik bei Teenagern ist Rock. Durch die Beatles erreichte dieser Musikstil so etwas wie einen gesellschaftlichen Durchbruch. Aber erst die sogenannte Woodstock-Generation legte den Grundstein für das, was in den siebziger Jahren geschehen sollte.

In Altamont/USA fand 1969 ein großes Festival statt. Während Mick Jagger, Lead-Sänger der Rolling Stones, auf der Bühne sein „Sympathy for the Devil" (Sympathie für den Teufel) zelebrierte, wurde unter seinen Augen ein junger Farbiger erstochen. Dieses Ereignis wird von Kennern der Rockkultur als Ende der „Unschuld des Rocks" bezeichnet.

Die meisten – insbesondere die Eltern von Teenagern – ahnten nicht, was die Absichten der populären Musiker wie Jimmy Hendrix, David Crosby, Mick Jagger oder Alice Cooper waren. Dabei hielten sich die Prominenten der Rockszene mit ihren Plänen nicht zurück.

Jimmy Hendrix sagte am 3. Oktober 1969 gegenüber „Life Magazin": „Stimmungen entstehen gerade durch Musik, weil die Musik selbst eine seelische Angelegenheit ist." Im gleichen Interview betonte er auch: „Man hypnotisiert die Leute und bringt es so fertig, daß sie in ihren ursprünglichen Zustand zurückkehren, einen Zustand, der durch und durch positiv ist ... Und wenn man die Leute an ihrem schwächsten Punkt erwischt hat, kann man in ihr Unterbewußtsein alles predigen, was man will."

David Crosby brachte in einem Gespräch mit dem „Rolling Stone Magazin" seine Absichten klar zum Ausdruck: „Das einzige, was ich mir vorstellen kann, ist, ihre Kinder zu klauen. Das ist das einzige, was man tun kann. Wenn ich das so sage, meine ich natürlich nicht Kindesentführung. Nein, ich meine eine Veränderung des Wertgefüges, durch die die Kinder ihren Eltern entfremdet werden."

Ein anderer Plattenkünstler sagte einmal: „Schnapp sie dir, solange sie noch jung sind, und mach dir ihre Gedanken gefügig." (58)

Und sie sind noch recht jung, die potentiellen Schallplattenkäufer: im Alter zwischen 10 und 16 Jahren! Eltern schütteln zwar den Kopf über diese verrückte Musik, aber sie lassen ihre Teenager gewähren, ohne zu wissen, wie das gesamte kindliche Wertsystem verändert wird.

Platten, die von demselben Hörer bis zu hundert Mal

mit gehörschädigender Lautstärke abgespielt werden, beeinflussen nicht nur die Lebenshaltung, sondern führen auch in einen bewußtseinsverändernden Rauschzustand – insbesondere, wenn sie über Kopfhörer gehört werden. John Rockwell spricht von „violent orders for the subliminal", zu deutsch: „Gewaltsame Befehle an das Unterbewußtsein", und meint, daß gerade die Texte der Rockmusik für verschiedene erdrutschartige Veränderungen und Umschwünge innerhalb unserer westlichen Gesellschaft verantwortlich sind.

Durch die gewaltige Schallplatten- und Medienmaschinerie werden Wünsche nach Anarchie, Sex, Gewalt und Tod in die Gedanken der heranwachsenden Käufer eingeplanzt, genährt und gepflegt. Nicht nur das: seit Beginn der achtziger Jahre hat sich eine neue Generation des „Heavy Metal" formiert, die in ihren Liedern offen den Teufel beschwört.

Sexuelle Erregung und Gewalt

Laut einem Umfrageergebnis an einigen amerikanischen Schulen sind fast alle Kinder minderjähriger unverheirateter Mütter beim Klang von Pop- und Rockmusik gezeugt worden. Bestimmte populäre Songs stehen in dem Ruf, eine besonders gute „Beischlafmusik" abzugeben.

„Bis zur Mitte der siebziger Jahre waren die Texte der Lieder, die in den Musikprogrammen für junge Leute gesendet wurden, eher einschmeichelnd und andeutend. Dann jedoch drangen aus dem Äther auf einmal Töne, die eindeutig an wollüstiges Ächzen und Keuchen erinnerten. ‚Love to love you, Baby' ist nichts anderes als die lautmalerische Beschreibung eines Geschlechtsaktes. Die Platte, im Radio häufig gespielt, verkaufte sich millionenfach. Als ich einmal ein Popmusik-Programm verfolgte, erfuhr ich, daß die zu jener Zeit aktuelle Hitparade Songtitel enthielt wie ‚Foreplay', ‚Into You' oder ‚Back in the Saddle'. In einem anderen Lied fordert die

Sängerin ‚ihn‘ beständig auf, ‚es‘ noch einmal mit ihr zu machen.“ (59)

Kindern und Heranwachsenden werden – bewußt oder unbewußt – Texte eingehämmert, die Homosexualität und Gruppensexualität, Sadismus und Masochismus, Sex mit Tieren, Sex mit Toten, Vergewaltigungen, Brutalität und Tod als normal hinstellen oder sogar verherrlichen.

Zerstörung von Familie, Schule und Gesellschaft

„Alice Cooper war einer der Vorreiter eines psychotischen, sadomasochistischen und brutalen Rock. Seine Karriere erreichte ihren Höhepunkt Mitte der siebziger Jahre. Zu dieser Zeit prägte und veränderte er die Wertvorstellungen acht- bis zehnjähriger Kinder, von denen wir heute viele in den Reihen der völlig orientierungslosen Punker wiedertreffen können. Seine Songs tragen Titel wie ‚I love the Dead‘ (Ich liebe die Toten), ‚Cold Ethyl‘ (Kalte Ethyl – hier beschreibt er seine Liebe mit einer Leiche), ‚Only Women Bleed‘ (Nur Frauen bluten), ‚Muscle of Love‘ (Liebesmuskel) und ‚Alice Cooper goes to Hell‘ (A.C. geht zur Hölle).

In einem Interview sagte Cooper gegenüber dem ‚Circus Magazin‘ im Februar 1972: ‚Die Basis unserer Gruppe ist die Rebellion. Einige der Kinder, die uns zuhören, sind wirklich verwirrt; aber sie schauen zu uns auf, weil ihre Eltern uns hassen.‘ In einem anderen Interview, das 1981 stattfand, legte er seinen Standpunkt noch genauer dar: ‚Mein Publikum will von mir genommen werden, so, wie ein Triebtäter sein Opfer nimmt ... Die Beziehung zwischen mir und den Zuhörern ist hochgradig sexuell. Ein Publikum auf diese Weise zu beherrschen, ist eine gewaltige und befriedigende Erfahrung.‘“ (60)

AC/DC, eine der erfolgreichsten Heavy-Metal-Gruppen der Welt, verfährt ähnlich wie Alice Cooper. Abgesehen von ihrer Satansverherrlichung, wollen sie mit ihren Plattentexten dem Konsumenten einen Haß gegen

Eltern, Schule und Gesellschaft einimpfen. Titel wie „Ich bin ein Problemkind“, „Schmutzige Tricks“ usw. behaupten, daß jeder ungeliebt sei und von seinen Eltern gehaßt werde.

„Nina Hagen hatte den größten Einfluß auf die Entwicklung der neuen Musik in der Bundesrepublik. Diese neue Musik fing mit der Punk-Bewegung an, wurde dann zur ‚Neuen Deutschen Welle‘ und heißt jetzt international: ‚New Music‘. Nina Hagen hat auf dem Höhepunkt ihrer Popularität mit ihren Texten zur Verwässerung der Gedanken der jungen Generation beigetragen. Diese anarchistische Gehirnwäsche hat auf der einen Seite die Verherrlichung des ‚Null-Bock-Denkens‘ hervorgerufen und andererseits zu einem intellektuellen Vakuum innerhalb unserer (heranwachsenden) Gesellschaft geführt, dessen Folgen jetzt noch nicht abzusehen sind.“ (61)

Nina Hagen: „Ich war schwanger, mir ging's zum Kotzen. Ich wollt's nicht haben, brauchste gar nicht mal zu fragen. Ich fress' Tabletten, und überhaupt, Mann! Ich schaff' mir keine kleinen Kinder an! Warum soll ich meine Pflicht als Frau erfüllen! Für dich nicht, für mich nicht, ich hab' keine Pflicht! ... Marlene hatte andre Pläne – Simone Beauvoir sagt: ‚Gott bewahr!‘ Und vor dem ersten Kinderschrei muß ich mich erstmal selbst befrein! Und augenblicklich fühl' ich mich unbeschreiblich weiblich.“

Udo Lindenberg war bei den Bundestagwahlen 1983 das musikalische Sprachrohr der Grünen. In seiner speziellen Konzeptions-LP, „Udo Lindenberg – Rock 'n' Roll und Rebellion, ein panisches Panorama“ heißt ein Text: „In sieben Tagen schuf Gott die Welt. Doch sieben Tage sind echt zu knapp. Am achten Tage fand er das auch, schmiß sie ins Klo und zog ab. Er setzte sich wieder auf seinen Thron und läßt uns hier hängen in der Kanalisation. Wir müssen's ausbaden, o Herr, die einen weniger, die anderen mehr. Nun sind wir schon seit Abel und Kain hier in der Grütze rumgekrochen. Nun fängt – ja, muß das denn wirklich sein? – die ganze Scheiße auch noch an zu kochen. ... Kein Horror in Sodom und Gomorra. Immer lustig und vergnügt, bis der Arsch im Sarge liegt. Immer lustig und vergnügt, bis der Arsch im Sarge liegt."

Brutalität und Anarchie

„Mob Rules" (Der Pöbel regiert), so lautet eine der Black-Sabbath-Produktionen. Das tut er wirklich in den Punk-Rock-Gruppen wie den Sex Pistols oder den Plasmatics.

Punk-Texte lauten etwa so: „Ich nehm' auf dich keine Rücksicht, fuck you" oder „Wir sind es müde, immer so erpreßt zu werden".

„Körper zertrümmern und entstellen sich gegenseitig, knallen gegeneinander und zerquetschen sich. Und die Energie kommt aus einer brutalen Sexualität. Und viele von ihnen wehren sich nicht einmal", erklärt Mike Suicide. „Ich schlage die Leute zusammen. Ich nehme mir ein, zwei oder drei Leute, die neben mir stehen, und dann geht's los: Ich wirbele einen herum, geb' ihm eins mit dem Ellenbogen, werf' ihn auf den Boden. Und dann bist du ziemlich schnell dir selbst am nächsten. Bevor die Rausschmeißer den Kerl kriegen und wegschleppen, haben ein paar Dutzend Militärschuhe den Kerl blutig getreten. Es ist echt schön, jemanden unter dir zu haben, den du schlagen kannst und der dir deswegen nicht mal böse ist. Die Leute interessiert das nicht. Du bekommst auf jeden Fall Mut, wenn es 100 gegen 1 sind." (62)

Okkultismus und Satansanbetung

Mit der Gruppe Black Sabbath traten schon 1969 Okkultismus und Satanskult in der Rockszene frech an die Öffentlichkeit. Mit ihrer neuartigen Bühnenshow, bei der harte Rockmusik durch schwarze Messen, Teufelsbeschwörungen und Hexenkult untermalt wird, entwickelte sich die Truppe zum Prototyp des „Okkultrock".

Als Text auf der Plattenhülle zu ihrer LP „Reflection"

ist zu lesen: „Und du, armer Narr, der du diese LP in den Händen hältst, wisse denn, daß du mit ihr deine Seele verkauft hast, denn sie wird schnell in diesem höllischen Rhythmus, in der teuflischen Kraft dieser Musik, gefangen sein. Und dieser musikalische Tarantelbiß wird dich tanzen lassen, ohne Ende, ohne Pause."

Für Fans gibt es sogar Aufkleber, die frei und offen verkünden: „I'm possessed by Black Sabbath" (Ich bin von B.S. besessen).

AC/DC bedeutet im normalen englischen Sprachgebrauch Wechselstrom/Gleichstrom. Diese australische Hard-Rock-Gruppe möchte jedoch mit ihrem Namen AC/DC ausdrücken: „Anti-Christ/Death to Christ" (Antichrist/Tod für Christus).

„Der große Durchbruch geland AC/DC 1979 mit der LP ‚Highway to Hell' (Autobahn zur Hölle), mit deren gleichnahmigem Titelsong die Band eine internationale Hymne schuf, die noch heute für das Heer der Hard-Rock-Freunde eine Art Glaubensbekenntnis darstellen soll ... Tausende von Fans haben ‚Highway to Hell' auf Konzerten begeistert mitgesungen. Was geht in den Jugendlichen vor, die sich damit brüsten und schreien ‚Ich bin auf der Autobahn zur Hölle'? Viele werden den Song gedankenlos mitsingen, ihnen kommt der Inhalt der Worte nicht zum Bewußtsein; für andere ist das Lied jedoch eine Hymne auf ihre eigene Lebenseinstellung." (63)

Eine beängstigend große Zahl von Hard-Rock-Gruppen der achtziger Jahre hat sich offen dem Satan geweiht und praktiziert Okkultismus und Magie. Viele ihrer Plattenhüllen würden in ein Horrorkabinett passen.

Das Rückwärtseinspielen von Plattenaufnahmen, wodurch geheime Botschaften übermittelt werden können (backward masking), ist inzwischen in der Öffentlichkeit bekannt geworden. In dem Song „When Electricity Came to Arkansas" der Gruppe Black Oak Arkansas gibt der Sänger an einer Stelle seltsame Laute von sich. Rückwärts abgespielt wird daraus: „Satan, Satan, Satan. He is God, he is God, he is God."

„Bob Larson, der vor seiner Bekehrung zu Jesus Christus selbst aktiver Rockmusiker war, zeigte sich anhand seiner Beobachtungen und Recherchen, die Erschrekkendes zutage brachten, zutiefst besorgt: ‚Satan weiß, daß, wenn er in diesen letzten Tagen vor der Wiederkunft Christi wirkungsvoll arbeiten will, er die Kontrolle über die Jugend gewinnen muß. Satan benutzt Hard-Rock, um diese Generation en masse zu beherrschen. Mit meinen eigenen Augen habe ich Jugendliche gesehen, die beim Tanzen zu Rockmusik von Dämonen besessen wurden. Dies war besonders bei Mädchen beobachtbar. Von einer jungen Dame dürfte man erwarten, daß sie beim Tanzen einigen Anstand bewahrt; ich habe jedoch Teenager-Mädchen beobachtet, die in krampfartige Zuckungen fielen, die nur durch die Manifestation dämonischer Aktivitäten erklärbar waren. Es gab mir Furcht ins Herz, als ich solche Dinge geschehen sah, während sie zu meiner Musik tanzten.' – Ein Dämon ist nicht gezwungen, permanent in einer Person zu verbleiben ... Wenn sich diese Person aber in die Rhythmen von Rockmusik fallen läßt, vermag der Dämon augenblicklich einzutreten, richtet moralische und geistige Verheerung an und verläßt die Person dann wieder. An Freitag- und Samstagabenden gewinnt der Teufel über Tausende junger Leben dämonische Kontrolle." (64)

Welche Musik in einem christlichen Haus?

Wenn christliche Eltern ihre Kinder mit einer Satansbibel oder ähnlicher Literatur ins Haus kommen sähen, so würden die meisten von ihnen diese dämonischen Artikel sofort beschlagnahmen und dem Abfalleimer anvertrauen. Aber bei der Musik lassen sie ihre Kinder an Satansgottesdiensten und okkulten Ritualen teilnehmen. Ob die Texte nun verstanden werden oder verschlüsselt sind, der

Hörer wird in den Bann dämonischer Mächte gezogen.

Eltern, die dies dulden, brauchen sich nicht zu wundern, wenn ihre Teenager sich vom christlichen Glauben abwenden, sich in der gesellschaftsverachtenden Kluft der Punker kleiden und sich sexuellen Ausschweifungen und Gewalt zuwenden.

Nun wird es nicht leicht sein, einen Teenager zu der Einsicht zu bewegen, die Finger von diesen Platten zu lassen. Denn gerade in diesem Alter besteht ein großes Bedürfnis nach rhythmischer Musik. Außerdem wird sie von „jedem" gehört, und niemand macht sich etwas daraus.

Deshalb müssen Eltern rechtzeitig mit ihren Kindern über die zerstörerischen Zusammenhänge gewisser Rocktexte sprechen, und zwar nicht erst, wenn ein Jugendlicher im Feuer dieser Musik eingefangen ist. Wenn ein Kind über diese zerstörerischen Zusammenhänge Bescheid weiß, fällt es ihm leichter, darauf zu verzichten, als wenn es nur hört: „In unserem Haus gibt es dieses Teufelszeug nicht." Aber selbst bei Uneinsichtigkeit der Kinder würde ich in meinem Haus keine antichristliche Musik dulden.

Andererseits sollten Eltern gute Alternativen anbieten: selbst Musik zu machen kann schon so ausfüllen, daß kein Bedürfnis nach diesen Platten besteht. Außerdem gibt es auch schon ausgezeichnete christliche Gruppen, die den weltlichen in puncto Musik nicht nachstehen, aber bessere Texte liefern.

Was christliche Rockmusik betrifft, da kann man natürlich unterschiedlicher Ansicht sein. Aber angesichts der Zwickmühle, in der Teenager stecken, bin ich schon eher bereit, hier einen Kompromiß einzugehen: mir ist es lieber, mein Teenager wippt zu christlicher Rockmusik, wo Aussage und Hintergrund stimmen, als daß er heimlich an musikalischer Verherrlichung von Sex, Gewalt und Satanismus teilnimmt.

Muß man da nicht den Mut verlieren?

Zugegeben, die bis jetzt aufgeführten Fakten waren nicht gerade ermutigend. Das war eine bedrückende Bestandsaufnahme über die Welt unserer Kinder am Ende des 20. Jahrhunderts. Angefangen mit dem Kinderelend durch die Auflösung der Familienstrukturen: einsame Kinder, abgetriebene Kinder, geschiedene Kinder. Aber nicht nur das. Da ist zunehmend der staatliche Zugriff auf die Erziehung unserer Kinder, weil die armen Eltern überfordert und unqualifiziert sind. Ideologische Weltverbesserer aller Schattierungen benutzen Schule, Kirchen und Medien, um die Seelen der Kinder zu rauben. Oftmals auf eine Art und Weise, daß Eltern – kommen sie erst einmal dahinter – der Atem stockt. Welche Eltern können sich da schon von ängstlichen Zukunftserwartungen frei machen?

Sorgenvolle Fragen drängen sich da auf: Wie wird sich mein Kind orientieren, wenn es heranwächst? Wird es die schädigenden, ideologischen Einflüsse heil überstehen? Wird es überhaupt noch auf mich hören wollen? Was soll ich tun, wenn es sich in fragwürdigen Cliquen aufhält? Manche Eltern sehen ihr Kind schon als Punker randalieren, Drogen konsumieren und sich sexuellen Ausschweifungen hingeben.

Solche Schreckensbilder können schlaflose Nächte bereiten.

Kinder der letzten Generation?

Die Herausforderungen sind ernst genug; ein paar oberflächliche Trostworte helfen auch nicht weiter.

Der Soziologe Helmut Schoeck malt aufgrund seiner Studien ein düsteres Bild: „Niemand kann zur Zeit wissen oder abschätzen, was aus einer Generation von Kindern einmal wird, der man, zum ersten Mal in der Geschichte der Erziehung, zielstrebig das genaue Gegenteil der bis dahin selbstverständlichen moralischen Grundüberzeugungen aufzuzwingen versucht hat." (65)

Nun, wenn man seine Bibel gut kennt, kann man abschätzen, wie solch eine Generation aussehen wird. Sie wird nämlich schon in 2. Timotheus 3,1-5 beschrieben: „Das aber sollst du wissen, daß in den letzten Tagen schwere Zeiten eintreten werden. Denn die Menschen werden selbstsüchtig sein, geldgierig, prahlerisch, hochmütig, Lästerer, den Eltern ungehorsam, undankbar, gottlos, lieblos, unversöhnlich, verleumderisch, unenthaltsam, zuchtlos, dem Guten feind, treulos, leichtsinnig, aufgeblasen, das Vergnügen mehr liebend als Gott; dabei haben sie den Schein von Gottseligkeit, deren Kraft aber verleugnen sie."

In Matthäus 24 finden wir bei der Aufzählung der verschiedenen Zeichen für die Endzeit die gleichen Gedanken. Vers 12: „Und weil die Gesetzlosigkeit überhand nimmt, wird die Liebe in vielen erkalten."

Wie wird sich eine Kindergeneration, die ohne Liebe und familiäre Geborgenheit aufwächst, dafür aber mit Pornos und Gewalt gefüttert wird, einmal als Erwachsene aufführen?

Die Bibel verschweigt die Folgen nicht. Sie spricht von einer Zeit auf dieser Erde, in der das Familienleben total zerstört sein wird. Wir marschieren geradewegs darauf zu. Den antichristlichen Mächten wird es gelingen, einen solchen Haß zwischen der Eltern- und Kindergeneration zu säen, daß sie nichts mehr miteinander zu tun haben wollen.

Aber Gott wird vor dem letzten Gericht noch einmal eine Familienerweckung senden. So können wir es in Maleachi 3,23-24 lesen: „Siehe, ich sende euch den Propheten Elia, ehe denn da komme der große und furchtbare Tag des Herrn; der soll das Herz der Väter den Kindern und das Herz der Kinder wieder ihren Vätern zuwenden."

Es muß wohl noch viel chaotischer auf unserem Planeten zugehen, so daß Gott es schließlich für nötig hält, durch prophetisches Eingreifen Familien wiederherzustellen. Wir stehen am Beginn dieser Zerreißprobe. Den Höhepunkt der Zerrüttung zwischenmenschlicher Beziehungen werden wir, Gott sei Dank, nicht miterleben, weil die Gläubigen dann bereits zum Herrn entrückt sein werden. Aber das „Geheimnis der Gesetzlosigkeit ist schon an der Arbeit".

Die gesellschaftlichen Veränderungen seit den 60er Jahren sind keineswegs nur eine vorübergehende Zeiterscheinung. Vielmehr handelt es sich um eine Kulturrevolution, eine tiefgreifende Umwälzung des Lebensgefüges, das einmal christlich-abendländisch genannt wurde. So beurteilt es Georg Huntemann: „Nur die biblische Offenbarung kann das Ungeheuerliche dieser in unserer Mitte aufsteigenden neuheidnischen Kollektivmenschheit aussagen." Er meint weiterhin, daß „alle Zeichen gegenwärtiger Moralrevolution darauf hindeuten, daß wir in diese von der biblischen Prophetie verkündigte Phase der Endzeit bereits eingetreten sind". (66)

Ein Geist für die ganze Familie

Nun kann man auf Schreckensmeldungen unterschiedlich reagieren. Die einen neigen dazu, um so angstvoller in die Zukunft zu schauen und sich alle möglichen katastrophalen Zustände in ihrer Familie auszumalen. Andere nehmen die Fakten eher auf die leichte Schulter und leben nach dem Motto: „Es wird nichts so heiß gegessen, wie es gekocht wird." Die ganz „Frommen" meinen: „Gott hat alles unter Kontrolle, was soll mir schon zustoßen!" und leben ihren Trott weiter.

Was meine Person betrifft, möchte ich folgenden Weg beschreiten: ich will die Fakten weder verniedlichen noch ihnen ausweichen, nur weil sie unbequem sind, sondern will sie scharf im Blick behalten und ihre Entwicklung weiterverfolgen. Auf diese Weise bleibe ich informiert und kann um so besser eine wirksame christliche Strategie für mein Familienleben entwickeln. Das macht wachsam, schärft den Sinn und hat nichts mit Schwarzmalerei oder Angstmacherei zu tun.

In meinen Augen ist das ein Handeln gemäß der Bibel: zum einen nennt sie uns die Bedrohungen und Nöte am Ende der Weltzeit, zum anderen ermutigt sie uns zur Hoffnung und verheißt uns sogar die Kraft des Heiligen Geistes.

Die Umstände und Zukunftsaussichten sind dramatisch genug, aber Gott hat seinen Heiligen zu allen Zeiten versprochen, ihnen beizustehen und sie zu führen; und das gilt auch für die letzten Tage!

Wir haben keinen Grund, den Mut zu verlieren, auch nicht am Ende des 20. Jahrhunderts. Jesus sagt selbst: „Wenn aber dieses zu geschehen anfängt, so richtet euch auf und erhebet eure Häupter, weil eure Erlösung naht" (Lukas 21,28).

Den meisten ist bekannt, daß schwere Zeiten kommen werden. Aber es wird uns auch noch etwas anderes verheißen: „Und es wird geschehen in den letzten Tagen, spricht Gott, daß ich von meinem Geiste ausgießen werde auf alles Fleisch" (Apostelgeschichte 2,17).

Mir scheint, unser liebevoller Vater im Himmel will uns gleichsam als Ausgleich zu den Bedrohungen und Schwierigkeiten der letzten Tage die Nähe und Kraft des Fürsprechers, Beistands oder Trösters, wie der Heilige Geist auch genannt wird, zur Verfügung stellen.

Es ist ein Geist, der über die ganze Familie ausgegossen wird: „... eure Söhne und Töchter werden weissagen ...", geht der Vers in Apostelgeschichte 2 weiter. Gottes Kraft ist auch für unsere Kinder zuständig! Was für eine gute Nachricht! Mit Gottes Wort und mit der Kraft seines Heiligen Geistes werden die Menschen, die die Erlösung durch Jesu Blut angenommen haben, auch in einer heillosen Zeit heile Familien bauen können. Es wird möglich sein!

Eine biblische Strategie des Familienlebens

Für mich, der ich unsere Zeit wachsam beobachte und den bedrohlichen Griff nach der Seele meiner Kinder spüre, heißt es, um so sorgsamer um eine biblische Strategie des Zusammenlebens bemüht zu sein und mich mit meiner Familie nach einem lebendigen, geisterfüllten Leben in der Nachfolge auszustrecken.

In unserem Zusammenleben habe ich eine Reihe von Schwerpunkten gesetzt, um damit rechtzeitig ein Gegengewicht zu den familienzerstörenden Einflüssen aufzubauen. Einige dieser Gedanken habe ich bereits in den ersten Teil dieses Buches eingestreut. Jetzt möchte ich sie noch weiter ausführen. Die richtige Strategie kann inneren Frieden geben und vor Zukunftsängsten bewahren.

Dies sind die Zielsetzungen:

- Ich möchte einem biblischen Erziehungsstil folgen.
- Mehr Zeit und Einfallsreichtum in das Familienleben investieren.
- Gespräche, Aufklärung und Vorausinformation sind von elementarer Wichtigkeit.
- Ohne eine durchdachte geschlechtliche Charaktererziehung wird es Kindern nahezu unmöglich sein, sich auf eine Ehe nach biblischen Maßstäben vorzubereiten.
- Die Kinder brauchen ein ansteckendes, geistliches Training.
- Da das gesunde Aufwachsen der Kinder in wesentlichen Bereichen ein geistlicher Kampf ist, werden mein persönliches Vorbild und mein geheiligter Wandel um so mehr gefordert sein.

Ich weiß, daß ich mir damit hohe Ziele gesteckt habe. Das kostet Zeit, Weisheit und Einfallsreichtum. Auch wenn ich sie vielleicht nicht alle erreichen werde, so ist es mir doch lieber, hochgesteckte Ziele zu verfolgen und vielleicht 60% zu verwirklichen, als gar keine zu haben und in Passivität zu verharren. Ich weiß, daß in Zukunft nicht mehr so einfach Familie gebaut werden kann wie in der Vergangenheit. Sicherlich sind Sie beim Lesen zu der gleichen Ansicht gekommen.

Trotzdem! Lassen Sie uns zuversichtlich die Ärmel hochkrempeln und unsere Kinder mit Gottes Beistand auf das Leben vorbereiten, so daß sie, wenn der Herr Jesus wiederkommt, ihn mit Freuden erwarten können.

Was der Mensch sät …

Heute werden die jungen Eltern mit einer Vielzahl von Erziehungsmodellen konfrontiert, die sich oft auch noch widersprechen. Die Fülle an Literatur und Theorien ist wohl beispiellos. Kein Wunder, daß sich viele verunsichert fühlen.

Während früher in einer Großfamilie die Technik der Erziehung von der älteren an die jüngere Generation überliefert wurde und man sich wegen des engen Zusammenwohnens gegenseitig geholfen hat, befinden sich heute junge Ehepaare in einer hilflosen Situation. Gemäß dem Motto der 70er Jahre „Trau keinem über dreißig!" stehen sie dem Erziehungsstil ihrer Eltern mißtrauisch gegenüber. So wird das Aufziehen von Kindern für sie zu einer immer größeren Herausforderung.

Kinder sind keine Versuchskaninchen

Was soll man auch tun? Vielleicht, wie mit einem „Rezeptbuch" in der Hand, die neuen Theorien der Reihe nach auf ihre Wirkung durchtesten: ein halbes Jahr lang die „antiautoritäre" Methode, und, wenn die Rangen dann zu wild werden, für einige Monate auf den „demokratischen Erziehungsstil" à la Dreikurs umschwenken? Oder sollte man es lieber gleich mit Thomas Gordons „aktivem Zuhören" probieren?

So geht es nicht! Kinder sind keine Versuchskaninchen für progressive Erziehungstheorien. Jeder Tag im Familienleben hat seine Wirkung auf das Empfinden und Verhalten der Kinder. Auch für das Zusammenleben in der Familie gilt das Bibelwort aus Galater 6,7: „Was der

Mensch sät, das wird er ernten!“ Manchen Eltern gehen erst nach Jahren die Augen auf, nämlich dann, wenn sie ihre „Früchtchen“ agieren sehen.

Bei unserer stürmischen Familiengründung vor vierzehn Jahren stand auch ich als damaliger Pädagogikstudent vor dieser Herausforderung. Innerhalb eines guten Jahres befanden sich nicht weniger als sechs kleine Geschöpfe in unserer Obhut. Zu unserem Erstgeborenen haben wir damals fünf Kinder im Alter zwischen vier Monaten und vier Jahren aufgenommen.

Was mich als frischgebackenen Erziehungswissenschaftler am meisten umtrieb, war die Frage: Woher nehme ich nur die richtigen Maßstäbe für die Erziehung unserer Kinder? Mein Kopf war ausreichend vollgestopft mit den verschiedensten Erziehungsmodellen. Aber nach welchem sollte ich mich richten?

Unter der Last der Verantwortung handelte ich wohl instinktiv richtig: ich griff nach meiner Bibel und studierte sie mit ganz neuem Eifer.

Mir gingen die Augen über: ich erkannte in Gottes Wort ein in sich schlüssiges und klares pädagogisches Konzept, das sich hinter den Aussagen der modernen Pädagogik nicht zu verstecken braucht! Allerdings fand ich in der Bibel auch Ratschläge, die im Sprachgebrauch der modernen Pädagogik nicht mehr vorkommen. Begriffe wie Belehrung, Unterweisung, Gehorsam, Unterordnung, Disziplin oder Zucht existieren in der Erziehungswissenschaft nicht mehr. Und gerade diese Ausdrücke nennt die Bibel häufig.

Während die „emanzipatorische Erziehung“ vor dem autoritätsbetonten Lenken warnt, das für die Entwicklung eines Kindes schädigend sei, betont die Bibel die elterliche Leitung und den Gehorsam der Kinder (Epheser 6,1). Hören wir von Thomas Gordon, daß Eltern kein Recht hätten, ihren Kindern persönliche Werte und religiöse Überzeugungen „aufzudrängen“, so lesen wir in der

Bibel, wir sollen unseren Kindern die Gebote Gottes fleißig einschärfen (5. Mose 6,6-8). Vertreten manche psychologische Experten die „Katharsistheorie“ und empfehlen damit, Ärger, Wut und Aggressionen herauszulassen wie den Druck aus einem Dampfkessel, mahnt die Bibel: „Legt das alles ab: Zorn, Grimm, Bosheit, Lästerung, häßliche Redensarten!“ (Kolosser 3,8).

Auf das richtige Menschenbild kommt es an

Wie sind die nahezu gegensätzlichen Positionen zu erklären? Sie finden die Lösung, wenn Sie sich bewußtmachen, daß unsere Populärwissenschaften von einem anderen Menschenbild ausgehen, als es die Bibel tut. Ihnen liegt das griechisch-humanistische Menschenbild zugrunde: der Mensch ist von Natur aus gut und kann sein Leben ganz gut allein und ohne Gott meistern! So hat es schon Rousseau, der Vater der modernen Pädagogik, formuliert: „Wenn der Mensch von Natur aus gut ist, wie ich – glaube ich – nachgewiesen habe, dann folgt daraus, daß er so bleibt, solange ihn nichts, das ihm fremd ist, verdirbt.“

Ist das Wesen des Menschen tatsächlich so beschaffen, dann hat A. S. Neill vollkommen recht, wenn er in seinem antiautoritären Modell „Summerhill“ vorschlägt, ein Kind möglichst ohne jede elterliche Einmischung aufwachsen zu lassen und ihm ja nichts aufzudrängen. Sein guter Kern wird ihm schon den richtigen Weg weisen. Und auch Thomas Gordons Warnung vor elterlicher „Bevormundung“ und Unterweisung hat dann seine Richtigkeit.

Aber was sagt Gottes Wort über den Menschen? Ist er wirklich so gut und vernunftbegabt? Ob es uns paßt oder nicht, die Bibel äußert sich unmißverständlich: der Mensch lebt getrennt von Gott und ist existentiell in Sünde gefallen. Er braucht Erlösung und Hilfe durch Jesus Christus, um sein Leben meistern zu können.

Jeder Mensch, der Gottes Angebot der Erlösung nicht angenommen hat, wird als geistlich tot bezeichnet. In ihm ist ein Hang verwurzelt, Böses zu tun (Epheser 2,1-3; 4,17-19). Davon sind auch die Kinder nicht ausgeklammert: „Das Dichten des menschlichen Herzen ist böse von seiner Jugend an" (1. Mose 8,21) oder: „Siehe, ich bin in Schuld geboren, und meine Mutter hat mich in Sünden empfangen" (Psalm 51,7).

Dieser grundlegende Unterschied im Menschenbild erklärt die verschiedenen Ratschläge zur Erziehung. Welche Ansicht wollen Sie Ihrem Leben zugrunde legen? Ihre Entscheidung hat weitreichende Folgen für Sie und Ihre Kinder, denn Ihr Menschenbild wird konsequenterweise Ihren Erziehungsstil prägen!

Folgen Sie den biblischen Richtlinien, dann muß das nicht heißen, daß Sie alle Aussagen der Wissenschaften in Bausch und Boden verwerfen. Es heißt allerdings, daß die Bibel oberster Maßstab sein wird. Alle Erziehungsprinzipien müssen an den Heilsgedanken des Wortes Gottes beurteilt werden: „Sehet zu, daß euch niemand beraube durch die Philosophie und leeren Betrug, nach der Überlieferung der Menschen, nach den Grundsätzen der Welt und nicht nach Christus" (Kolosser 2,8).

Ein biblisches Konzept der Kindererziehung

Wie sieht denn nun das eigenständige biblische Konzept der Kindererziehung aus? Ein erster Hinweis liegt in der Bezeichnung des Schöpfergottes als „Vater", dessen „Kinder" wir sind. Aus der Art des Umgangs Gottes mit uns können wir viele Parallelen zu der elterlichen Aufgabe gegenüber den eigenen Kindern ziehen. Dadurch wird die Bibel zu einem packenden pädagogischen Fachbuch von den ersten bis zu den letzten Seiten. In gleicher Weise, wie uns Gott mit seiner Liebe begegnet, seine Unterweisung mitgibt, aber auch züchtigt, weil wir ihm nicht gleichgültig sind, sollen wir unseren Kindern in Liebe begegnen, sie unterweisen und auch disziplinieren, wenn es nötig ist.

Diese drei Grundgedanken einer biblischen Kindererziehung finden wir in Epheser 6,4 bestätigt: „Ihr Väter, reizet eure Kinder nicht zum Zorn, sondern ziehet sie auf in der Zucht und Ermahnung des Herrn."

Den negativen Ausdruck, unsere Kinder nicht zum Zorn zu reizen, d. h. ungeduldig, ungerecht, unwirsch zu sein, können wir auch mit dem entsprechenden positiven Begriff umschreiben: ihnen die nötige Wärme, Geborgenheit, Zuwendung und Liebe geben. Dazu werden die Begriffe „Ermahnung" und „Zucht" genannt.

Wir kommen also zu folgendem Schluß: das Wort Gottes spricht auf der Grundlage des biblischen Menschenbildes von einem dreifachen Erziehungsmodell. Dies ist ein einfaches, aber klar umrissenes Konzept, das allen christlichen Eltern im Zusammenleben mit und in der Verantwortung für ihre Kinder helfen wird:

- das Fundament der bedingungslosen Liebe und Geborgenheit.
- ein Zusammenleben mit Unterweisung und klaren Regeln nach Gottes Wort.
- eine elterliche Überwachung mit Konsequenz und Disziplin.

Ein Haus der Liebe und Disziplin

Das nachstehende Bild mit dem „Lebenshaus" verdeutlicht die Prioritäten und das Zueinander der drei biblischen Prinzipien. Wer fängt schon bei einem Hausbau mit dem Dach zuerst an? Das muß ja schiefgehen!

Vor allem muß man auf die Statik achten! Immer nur Druck, harte Worte und Disziplin, dagegen wenig Gespräche, Geborgenheit und Liebe – bei einem solchen Zusammenleben drückt das „Dach" schwer und verletzt die Seele eines Kindes.

Genauso verkehrt ist es, wenn Sie sich keine Zeit neh-

DAS HAUS DER LIEBE UND DISZIPLIN

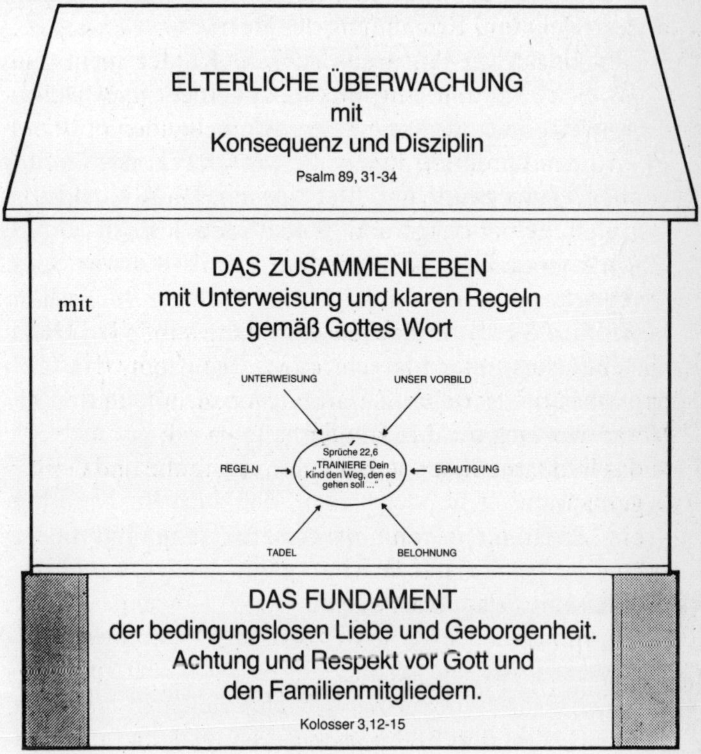

men, um den richtigen Grund zu legen. Wer lieblos und hektisch ein wackeliges „Fundament“ hinsetzt, autoritär die Familienregeln in die Runde brüllt und darauf auch noch ein „Dach der Überwachung“ knallt, braucht sich nicht zu wundern, wenn die Wände Risse bekommen und hinterher alles in sich zusammenstürzt.

So ist es richtig: Verwenden Sie viel Zeit, Liebe und Einfallsreichtum auf den Bau Ihres Familienfundamentes. Je mehr sich die Kinder angenommen und geborgen fühlen, je tiefer das Fundament gegründet ist, desto williger werden sie auf Ihre Unterweisungen hören und die Familienregeln befolgen. Scheuen Sie sich nicht, Ihren Kindern einen klaren Weg zu weisen. Gott erwartet es von Ihnen!

Befolgen Sie diese zwei Regeln, dann wird das „Dach der Überwachung“ nicht schwer auf den Kindern lasten. Sie fühlen sich geliebt und wissen, wie sie sich verhalten sollen. Deswegen wird eine Disziplinierung gar nicht so häufig vorkommen müssen. Da Sie aber aufgrund des biblischen Menschenbildes wissen, daß auch Ihr Kind hin und hergerissen sein kann zwischen Liebe und Egoismus, sollten Sie bei Rebellion konsequent reagieren und das Kind in seine Schranken weisen.

Seit vierzehn Jahren haben wir unser Familienleben unter diese drei Ziele gestellt. Dadurch sind wir aus innerer Unruhe und Ungewißheit, vieles vielleicht falsch zu machen, zu größerer Sicherheit im Umgang mit unseren Kindern gekommen. Auch in schwierigen Erziehungssituationen wissen wir: wenn wir uns an die Gebote der Bibel halten, schaffen wir damit die besten Voraussetzungen. Gott wird seinen Teil dazutun, und wir brauchen die Zuversicht nicht zu verlieren.

Nun gibt die Darstellung des Lebenshauses zwar eine eingängige theoretische Einführung in eine biblisch orientierte Kindererziehung, aber im Alltag tauchen dann viele Fragen auf, die hier nicht beantwortet werden können. Einige Beispiele: Wie kann diese bedingungslose Liebe verwirklicht werden? Welche Familienregeln sind notwendig? Wie können Konsequenz und Disziplin aussehen? Auf diese und andere Fragen sind meine Frau und ich in einem früheren Buch ausführlich und praxisorientiert eingegangen. Ich empfehle Ihnen „Menschenskinder – Kindererziehung aus biblischer Sicht“ zur vertiefenden Lektüre.

Familienfreizeit

Nach Feierabend mit den Kindern gemütlich um den Tisch sitzen, Gesellschaftspiele machen, miteinander plaudern, in der Bibel lesen, singen und beten ... Oder an einem Nachmittag durch die Wälder streifen, toben, balgen, Abenteuer erleben ...

„Wer kann sich das heutzutage schon erlauben?“ fragt sich mancher Vater. Gehetzt zwischen beruflichen Verpflichtungen und gemeindlichen Erwartungen, sieht er seine Familie nach Feierabend kaum noch. Und wenn es doch zu einer Begegnung kommt, dann ist er so geschafft, daß das Familienleben zur Qual wird.

„Wer bringt so eine Familienidylle überhaupt noch zustande?“ seufzt die besorgte Mutter. Gemütliche, gemeinsame Mahlzeiten werden immer seltener. Die Kinder zieht es mehr zu ihren Freunden. Das Gespräch miteinander in Gang zu halten, fällt schwer. Sind endlich einmal alle daheim, übernimmt der Fernseher die Regie. Die häufigsten Treffpunkte sind der Kühlschrank und die verschlossene Badezimmertür.

Eine der traurigsten Errungenschaften am Ende des 20. Jahrhunderts ist die Unfähigkeit von Millionen von Menschen, ein erfülltes Familienleben zu führen. Streß, Zeitmangel und Einfallslosigkeit sind das Gift, das Ehen und Familien kaputtmacht.

Die Familie – auch ein Dienst für Gott?

Es ist Ihnen beim Lesen sicherlich aufgefallen: die Forderung, sich mehr Zeit für das Familienleben zu nehmen, zieht sich wie ein roter Faden durch das Buch.

Damit schneide ich eins der heikelsten Themen für engagierte Christen an. Denn die richtige Zeiteinteilung für Beruf, Gemeinde und Familie zu finden, scheint für sie ein großes Problem zu sein. Und doch hängt die Zukunft ihres Familienlebens davon ab!

Ich gehörte zu dem Typus Vater, der ständig ein schlechtes Gewissen hat, wenn er sich Zeit für seine Familie nimmt. Die Zuordnung von Beruf und Gemeinde hatte ich im Griff: Jesus und der Bau seines Reiches standen an erster Stelle. Aber Zeit für die Kinder?

Wie schwer tat ich mich, mit ihnen herumzutollen und mich um den Kleinkinderkram zu kümmern. Mein falscher geistlicher Ehrgeiz führte dazu, die Zeit, in der ich mich mit den Kindern beschäftigte, als vertan anzusehen. Dies war halt „nur“ die Familie, alles andere aber war wertvolle Arbeit im Reiche Gottes.

Es hat Jahre gedauert, bis ich wirklich kapiert habe, daß Familienaktivitäten genauso „Gottesdienst“ – also ein Dienst für Gott – sind wie Predigen und Bücherschreiben. Das eine ist in Gottes Augen nicht geringer als das andere. Wenn ich mit meinen Kindern etwas unternehme oder mit ihnen im Gespräch bin, diene ich damit genauso Gott wie mit einem seelsorgerlichen Beratungsgespräch.

Das „Band der Liebe“ knüpfen

„Ziehet nun an als Gottes Auserwählte, Heilige und Geliebte, herzliches Erbarmen, Freundlichkeit, Demut, Sanftmut, Geduld, ertraget einander und vergebt einander, wenn einer wider den anderen zu klagen hat; gleichwie Christus euch vergeben hat, also auch ihr. Über dies alles aber habet die Liebe, welche das Band der Vollkommenheit ist. Und der Friede des Christus herrsche in euren Herzen, zu welchem ihr auch berufen seid in einem Leibe“ (Kolosser 3,12-15).

Unsere Umwelt ist gezeichnet von Hektik, Egoismus und Lieblosigkeit. „Die Liebe wird in vielen erkalten“, umschreibt Jesus treffend die Beziehungen in den letzten Tagen.

Das Band der Liebe ist das wichtigste Werkzeug, um Kindern in der Familie Geborgenheit und Wegweisung zu geben. Liebe ist der Panzer, der sie vor ideologischen Zugriffen schützt.

Wenn Kinder sich in der Familie wohl fühlen, dann kommen sie gern nach Hause. Die Familie sollte ein Zufluchtsort sein, eine Oase der Geborgenheit inmitten der Trostlosigkeit dieser Welt. Das klingt beinahe etwas schwärmerisch, aber es ist die Wahrheit! Die „Liebe ist so stark wie der Tod" (Hohelied 8,6). Sie ist genauso stark wie der „Tod", den die Ideologen über die Familien bringen wollen.

Das zu verwirklichen kostet Hingabe und Verzicht, vielleicht eine neue Zeiteinteilung und Neuorientierung der wichtigsten Werte Ihres Lebens. Aber es zahlt sich aus!

Regelmäßig Zeit einplanen

Als erstes gebe ich Ihnen den Ratschlag, regelmäßig Zeit für das Familienleben einzuplanen. Damit ist nicht ein starres Gesetz, sondern eine Richtschnur gemeint. Die Erfahrung zeigt, daß bei den Eltern, die lieber spontan reagieren, doch immer wieder etwas dazwischenkommt.

Bemühen Sie sich, einen Höhepunkt pro Woche zu schaffen, am besten am Wochenende. Wenn da zuviel los ist, wie bei vielen engagierten Christen, dann sollten Sie einen Familiennachmittag bzw. -abend einrichten, an dem sie gemeinsam etwas unternehmen.

Wenn die Kinder älter werden und zu unterschiedlichen Zeiten das Haus verlassen und zurückkehren, kann es schwer werden, tägliche Berührungspunkte zu finden. Vorschlag: einigen Sie sich auf eine Mahlzeit pro Tag, zu der sich alle bemühen, anwesend zu sein. Und dann sitzen Sie ruhig ein Viertelstündchen länger zusammen und plaudern Sie miteinander.

Für den einen Höhepunkt pro Woche brauchen sie schon etwas Einfallsreichtum. Aber mit der Zeit kommt die Übung. Außerdem sind Kinder nicht immer anspruchsvoll: oftmals reicht es ihnen, wenn Papa einfach Zeit hat.

Steigern Sie rechtzeitig die Spannung. Etwa, indem Sie am Montag beiläufig verkünden: „Mir ist schon etwas ganz Tolles für das Wochenende eingefallen ..." Aber mehr dürfen Sie nicht verraten. Das Gejauchze und die glänzenden Kinderaugen sind schon die erste Belohnung für einen Vater, der eine anstrengende Arbeitswoche vor sich hat.

Und dann geht's los: eine Fahrradtour, ein Gang durch ein Museum, der Besuch eines Schwimmbads oder eines Freizeitparks, ein gemeinsames Buddeln in der Sandkiste, die Konstruktion eines Seifenkistenautos u. a. Bei schlechtem Wetter muß auch nicht Trübsal geblasen werden: Arm in Arm liegen Sie auf dem Sofa und lesen vor, Gesellschaftsspiele werden hervorgekramt, oder es wird eine Bastelecke im Keller eingerichtet.

Für besonders wertvoll halte ich Familienfeste. Schon das gemeinsame Zubereiten eines Salates oder einer Pizza gehört dazu. Der Tisch wird mit Kerzen und Servietten festlich gedeckt. Ausgelassen sitzen wir zusammen und schmausen die selbstgefertigten Herrlichkeiten. Es schließen sich Tischspiele, eine Andacht oder der Familienrat an, in dem Familienangelegenheiten oder der nächste Urlaub besprochen werden.

Ihrem Einfallsreichtum sind keine Grenzen gesetzt. Sie werden merken, daß es ihnen genauso gut tut wie den Kindern. Alte Kindheitserinnerungen können aufgefrischt werden – wie lange ist es her, daß Sie Fußball gespielt haben? –, und die Freude und Entspannung motivieren Sie neu für den Einsatz in Beruf und Gemeinde.

Aufgrund der Enge in Mietshäusern und der Berufstätigkeit des Vaters bieten sich nicht mehr viele Möglichkeiten, gemeinsam zu werkeln und zu arbeiten. Erwachsene und Kinder leben unglücklicherweise in zwei getrennten Welten. Es gibt kaum eine Überschneidung von Arbeitswelt und Spielwelt.

Aber gerade das gemeinsame Arbeiten fördert viele wertvolle Erziehungsziele: Schulung der Logik, praktische Fähigkeiten, Ausdauer, ein Wertbewußtsein und Freude, etwas geschafft zu haben.

Versuchen Sie mit Ihren Kindern gemeinsam etwas zu schaffen und betrachten Sie es nicht nur als Spaß oder Entspannung. Es ist eine wertvolle Möglichkeit, Arbeitsverhalten und Beständigkeit zu trainieren.

Zunächst finden Sie genug Anlässe in der eigenen Wohnung, zum Beispiel beim kreativen Gestalten, bei der Haushaltsführung, beim Nähen oder Kochen. Schirmen Sie den Küchenbereich nicht zu sehr ab, auch wenn es etwas Unordnung gibt. Aber ohne Übung gibt es keinen Meister. Wenn Ihr Kind das selbstbereitete Mittagessen versalzen hat oder der Kuchen angebrannt ist, wird es vielleicht nicht mehr so viel am Essen herummäkeln. Es weiß selbst, welche Mühe und welches Können erforderlich sind.

Ziehen sie Ihre Kinder mit heran bei allem, was zu reparieren und zu bauen ist. Ihr Ziel ist ja, daß sie diese Fertigkeiten einmal selbst beherrschen. Dafür planen Sie von vornherein Übungszeit ein und riskieren auch einmal Ausschuß; ob es beim Tapezieren, Fensterstreichen, Regalebauen, Bilderaufhängen, Stühleleimen, Radioreparieren oder Fahrradflicken ist.

Noch schöner ist es, einen eigenen Garten und Tiere zu besitzen. Auf diese Weise leben Sie mit dem Kreislauf der Natur, eine Erfahrung, die vielen Menschen verlorengegangen ist. Im Laufe der letzten Jahre haben wir uns Schritt für Schritt einen großen Gemüsegarten und auch einige Tiere zugelegt: Ponys, Schafe, Hühner, Enten, Gänse, Hund und Katzen.

Ganz abgesehen von der Kosteneinsparung und der Qualität der eigenen Erzeugnisse, können Kinder im Umgang mit Pflanzen und Tieren wohl am besten beständiges Arbeiten lernen. Ein Tier kann man nicht in die Ecke stellen. Es braucht Versorgung und Zuwendung, ganz gleich, wie das Wetter ist, ob man gerade gute oder schlechte Laune hat. Außerdem macht das Kind die Erfahrung, daß man erst arbeiten muß, bevor man etwas essen kann. In unserer Konsum- und Wegwerfgesellschaft ist das eine enorm wichtige Erfahrung.

Im Herbst gibt es besonders viel zu tun. Da kommen das Ernten, Lagern, Einkochen, Einfrieren, Dörren und Schlachten. Aber was für eine Freude, wenn wir mit einem Festmahl unser privates Erntedankfest feiern, wenn endgültig das letzte von den Bäumen geholt ist. Danach kommt der gemütliche Winter, und bald freuen sich alle auf das erste Grün im Frühjahr, mit dem der Kreislauf von Saat und Ernte wieder beginnt.

Familienurlaub

Ein Familienurlaub gehört ebenfalls zum Jahresrhythmus. Er muß ein Ereignis sein, von dem man immer wieder gern erzählt, auf das man sich das ganze Jahr freut. Ich halte sehr viel von kindgerechten Ferien. Man genießt seine wohlverdiente Entspannung, ist aber auch viel mehr aufeinander angewiesen. Man kann sich nicht so schnell aus dem Weg gehen. Kein Telefon, keine Sitzungen, keine Überraschungsbesuche lenken ab. Selbst an den Abenden sitzt man zusammen. Da kann eine Menge von dem aufgearbeitet werden, was eventuell in der zurückliegenden Zeit versäumt worden ist.

Wir machen mindestens einmal, wenn es geht zweimal

im Jahr Familienurlaub. Das muß nicht teuer sein. Je kindgerechter man ihn einplant, um so preiswerter kann er werden. Wie sehen denn die Kinderträume aus? Im Wasser toben, in alten Klamotten durch die Wälder streifen, am Lagerfeuer Würstchen braten, Beeren und Pilze sammeln und nachts im Zelt schlafen.

Das verträgt sich manchmal nicht mit den Elternvorstellungen. Sie träumen von einer ruhigen Pension, vom Ausschlafen, von Spaziergängen im Kurpark, vom Dösen in der Sonne und einer gepflegten Mahlzeit im Restaurant.

Um beiden Interessen gerecht zu werden, muß ein Kompromiß gefunden werden. Reißen Sie lieber einmal für ein paar Tage zu zweit aus, um so richtig auf ihre Kosten zu kommen. Mit quicklebendigen Kindern wird solch ein Urlaub sowieso recht teuer und strapaziös; und keiner wird richtig zufriedengestellt.

Aber den Familienurlaub sollten Sie kindgerecht planen. Wenn wir mit unseren Kindern Urlaub machen, ziehen wir mit Wohnwagen und Zelten los. Möglichst dorthin, wo wenig Menschen sind, des Lärmes und der Kleidung wegen. Und dann führen wir so ein richtiges Trapperleben. Angeln, Pilze suchen, Wettkämpfe, Wandern, Flößebauen – ein Leben im Herzen der Natur. Sind die Kinder erst einmal so richtig in ihrem Element, können meine Frau und ich uns auch faul in die Sonne legen und kommen so in keiner Weise zu kurz.

Miteinander reden

Wie wichtig Gespräche, Aufklärung und Vorausinformationen sind, habe ich schon in den vorausgegangen Kapiteln erläutert.

Es gibt so unendlich viel zu besprechen. Die täglichen Eindrücke und Erlebnisse müssen schließlich aufgearbeitet und vom christlichen Lebensstil her überprüft werden.

Und doch finden sich nicht immer die Zeit und die Atmosphäre dazu. Der Same des Wortes muß in einen vorbereiteten Boden fallen, sonst wird nicht viel daraus. Manchmal wird sogar das Gegenteil erreicht.

Sitzt Papa nervös auf die Uhr schauend und mit den Fingern trommelnd, vor dem herzitierten Filius auf dem guten Sofa um das längst fällige Aufklärungsgespräch zu führen, wird es für beide eine peinliche Angelegenheit.

Kinder haben ein gutes Gespür dafür, ob sie lästig sind oder ob sie einen Platz in den Herzen ihrer Eltern haben. Vertrauensvolle Gespräche entwickeln sich in einer vertrauensvolle Atmosphäre, die von Gelassenheit, Humor und Zeit geprägt ist.

Deswegen betone ich so sehr die gemeinsamen Familienaktivitäten, denn sie schaffen diese Atmosphäre. Für Gespräche muß man nicht immer besondere Gelegenheiten suchen. Es spricht sich ungezwungener, wenn man mit dem Fahrrad nebeneinander auf dem Feldweg fährt, als wenn man sich im Sessel gegenübersitzt. Ein Schweigen wirkt dann nicht so peinlich, und bei manchen Themen tut es gut, den anderen nicht anschauen zu müssen.

Wie oft schon begann beim gemeinsamen Unkrautrupfen so ganz nebenbei ein Gespräch, das sich in einer Wohnzimmeratmosphäre nie ergeben hätte.

Schaffen Sie also durch einen etwas ruhigeren Lebensstil und gemeinsame Familienaktivitäten die Voraussetzung dafür, daß die wichtigen Lebensfragen wirklich zur Sprache kommen können. Wer wird sie beantworten, wenn Sie nicht um Rat gefragt werden?

Familienbande

Wenn schon Familie, dann aber ohne Verwandtschaft! Wir haben schon so viel mit uns selbst zu tun, daß wir uns nicht auch noch um die Sorgen anderer kümmern können. Eltern, Schwiegereltern und Großeltern, die uns dazwischenreden, sind nicht willkommen.

In den Tageszeitungen stehen immer wieder Meldungen, die ans Herz gehen. „Alte Menschen liegen wochenlang tot in ihren Wohnungen, ehe sie, oft nur durch Zufall, aufgefunden werden. Angehörige, die sich um sie hätten kümmern sollen, gab es nicht. Ansonsten haben die Mechanismen der Wohlstandsgesellschaft funktioniert: die Rente wurde pünktlich auf das Konto überwiesen, und ebenso pünktlich wurden von dort die Miete und die anderen Daueraufträge abgebucht. Einen überquellenden Briefkasten, der ein Alarmzeichen hätte sein können, gab es nicht, weil eben die alte Frau oder der alte Mann kaum Post erhielt. Diese Einsamkeit, die häufig bis in den Tod reicht, ist heute das wahre Gesicht einer ‚neuen Armut' in unserer Gesellschaft."

Ein erschütterndes Zeugnis über das Abschieben der „Alten". Ein Christ, der seinen Maßstab im Wort Gottes sucht, wird auch hier zu einer zeugnishaften Haltung finden.

Wie steht es doch in der Bibel? „Du sollst deinen Vater und deine Mutter ehren, auf daß du lange lebest im Lande, das dir der Herr, dein Gott, geben wird" (2. Mose 20,12). Das Gebot löst sich nicht mit dem Volljährigkeitsalter oder der Familiengründung auf.

Dem jungen Timotheus gibt Paulus mit: „Hat eine Witwe Kinder oder Enkel, so sollen diese zuerst lernen, am eigenen Haus ihre Pflicht zu erfüllen und den Eltern Empfangenes zu vergelten; denn das ist angenehm vor Gott" (1. Timotheus 5,4).

Bedenken Sie eins: Ihr Verhalten den eigenen Eltern oder Schwiegereltern gegenüber – auch wenn sie so einige Schrullen haben sollten – wird ein Vorbild für Ihre Kinder sein. Schieben Sie die „Alten" ab, weil sie Ihnen lästig sind, dann wundern Sie sich bitte nicht, wenn auch Sie abgeschoben werden, wenn Sie zum „alten Eisen" gehören. Schließlich haben Ihre Kinder es ja nicht anders gesehen.

Die Familienbande über die Kleinfamilie hinaus zu halten oder wieder zu knüpfen, halte ich für wesentlich.

Ganz abgesehen von Gottes Gebot, habe ich den Eindruck, daß wir einander in Zukunft noch sehr brauchen werden, wenn die Umstände nicht mehr so bequem sind wie jetzt.

Werden Sie einmal etwas zu bereuen haben?

Wie kann man erfolgreich seinem Beruf nachgehen oder in seiner Gemeinde mit Freuden Gott dienen, wenn zu Hause Mißverständnis, Zank und Streit herrschen, die Kinder anfangen zu rebellieren und ihre eigenen Weg gehen?

Dies ist Grund genug, den Terminkalender zu überdenken und neue Prioritäten zu setzen.

Ein vollmächtiger Dienst im Reich Gottes fängt damit an, daß Sie Ihrer Berufung zu Hause nachkommen: „Wenn aber jemand seinem eigenen Haus nicht vorzustehen weiß, wie wird er für die Gemeinde Gottes sorgen" (1. Timotheus 3,5). Zum richtigen „Vorstehen" gehört auch die „Familienfreizeit".

Als Billy Graham einmal von einem Journalisten gefragt wurde, ob er etwas in seinem Leben bedauere, antwortete er: „Ja, das ist der Fall, ich habe nicht genug Zeit mit meiner Familie eingeplant."

Wie beantworten Sie diese Frage? Jetzt können Sie noch etwas ändern! Sind die Kinder erst einmal aus dem Haus, wird es nicht möglich sein, die Zeit zurückzudrehen.

Zu geschlechtlicher Verantwortung erziehen

Werden meine Kinder später einmal eine Ehe nach biblischen Grundsätzen eingehen und ihrem Ehepartner ein Leben lang treu zur Seite stehen? Diese bange Frage stellen sich viele Eltern.

Mit Recht! Wenn Sie die gesellschaftliche Entwicklung aufmerksam beobachten und die Statistiken studieren, dann besteht nicht viel Hoffnung auf eine positive Beantwortung dieser Frage.

Wenn schon, dann macht's richtig!

Der sexualkundliche Unterricht in den Schulen konzentriert sich darauf, schon den Grundschülern mit detaillierten Abbildungen alle medizinischen Begriffe der Genitalien einzutrimmen. Aufgrund der kalten Versachlichung wird bereits hier das Schamgefühl abgebaut. In den höheren Klassen werden nach gleichem Muster Geschlechtsverkehr, Empfängnis und die verschiedenen Methoden der Empfängnisverhütung durchgekaut. Wenn überhaupt ein gutes Wort für die Ehe bleibt, dann wird gesagt, daß sie lediglich eine Form des partnerschaftlichen Zusammenlebens sei.

Eltern, die etwas verwirrt auf diese Freizügigkeit reagieren, wird entgegengehalten, jede Generation sei anders und müsse ihren eigenen Weg finden. So liest man es in einem Mitteilungsblatt der Bundeszentrale für gesundheitliche Aufklärung. Sie werden in diesem Heft aufgefordert, Ihren Kindern alle Freiheiten zu lassen, aber ja nicht zu versäumen, Auskunft über Methoden der Empfängnisverhütung zu geben.

In einer anderen Schrift dieser Zentrale wird jungen unverheirateten Paaren folgender Ratschlag gegeben: „Wenn ihr miteinander schlafen wollt, dann macht's richtig, mit einem ordentlichen Verhütungsmittel." Weiter wird darin zu geschlechtlicher Selbstbefriedigung angeregt, zu vorehelichem Geschlechtsverkehr ermutigt, natürlich werden die Methoden der Empfängnisverhütung erläutert.

Diese Ratschläge werden fleißig befolgt. Das Durchschnittsalter für den ersten Geschlechtsverkehr bei Mädchen liegt bei 16,5 Jahren. 30% aller Fünfzehnjährigen haben diese Erfahrung bereits hinter sich gebracht.

Es gab noch nie so viele Schwangerschaftsabbrüche bei 14- bis 16jährigen wie in den letzten Jahren. In Dänemark sind seit der Einführung des Unterrichtsfaches Sexualkunde die Geschlechtskrankheiten unter Jugendlichen zwischen 16 und 20 Jahren um 250% gestiegen. Die Hemmschwelle zu gleichgeschlechtlichen Kontakten unter Jugendlichen wird dank Bravo und anderer Jugendzeitschriften zunehmend abgebaut. Homosexualität und Lesbianismus gehören inzwischen zu den geschlechtlichen Erfahrungen eines Teenagers.

84% der jungen Männer und 80% der jungen Mädchen denken laut einer Umfrage nicht an eine standesamtliche Eheschließung, sondern wollen zunächst probeweise ohne Trauschein zusammenleben.

Eltern dürfen nicht schweigen

Kinder wachsen in einer Welt auf, die alle biblischen Werte zur Reinhaltung und zu ehelicher Treue über den Haufen geworfen hat.

Um so wichtiger ist es, daß Eltern ihnen die richtigen Informationen und Einstellungen mitgeben. Für manche ist das eine nahezu unmögliche Aufgabe. Als sie Kinder waren, sprach man nicht darüber, Sexualität war tabu. Inzwischen hat es eine regelrechte sexuelle Revolution gegeben. Die ältere Generation ist verwirrt oder wird selbst mit dem Thema nicht fertig.

Was soll man auch sagen? Besonders schwer wird es, wenn Kinder zu Teenagern herangewachsen sind und mit einer den Eltern unbehaglichen Freiheit und Selbstverständlichkeit dem anderen Geschlecht begegnen.

Wenn Sie als Eltern schweigen – vielleicht, weil sie zu gehemmt sind –, wo werden ihre Kinder die Informationen bekommen? Sie werden mit falschen Werten und Haltungen aufwachsen! Mit ein oder zwei gequälten Aufklärungsgesprächen ist die Sache auch nicht abgetan. Was unsere Kinder brauchen, ist eine gut durchdachte, geschlechtliche Charaktererziehung, die die gesellschaftlichen Gefahrenpunkte im Blick hat. Ansonsten ist es unwahrscheinlich, daß unsere Kinder jemals auf eine Ehe nach biblischen Maßstäben zusteuern.

Kinder wissen heute sehr viel über die anatomischen und biologischen Funktionen des menschlichen Körpers, was sicher auch nicht falsch ist. Was sie aber nicht mitbekommen, ist die richtige christlich-ethische Einstellung. Genau auf diesen Punkt haben wir für die ganze Zeit der Kindheit ein besonderes Gewicht zu legen. Geschlechtliche Charaktererziehung erstreckt sich von der Geburt bis zu dem Zeitpunkt, an dem unsere Kinder aus dem Haus gehen.

Angesichts des gesellschaftlichen Trends sollten Sie drei Erziehungsbereiche besonders beachten:

- Die Erziehung zum eigenen Geschlecht.
- Die Erziehung zur Achtung und Verantwortung gegenüber dem anderen Geschlecht.
- Die Erziehung zu einer dauerhaften partnerschaftlichen Beziehung in einer Ehe.

Schon in Lesewerken des 1. Schuljahres wird den Kindern mit Gedichten und Reimen ein möglicher Unterschied zwischen Jungen und Mädchen lächerlich gemacht.

Nach Auffassung emanzipierter Pädagogen muß einer wesensmäßigen Bestimmtheit von Mann und Frau entgegengearbeitet werden. Der Schüler soll lernen, daß Junge- und Mädchensein nur das Ergebnis der Erziehung sei. Damit wird die biblische Ordnung umgestoßen, nach der Mann und Frau wesensverschieden zu ihrer gegenseitigen Ergänzung und Hilfe geschaffen sind.

Die gesamte Problematik der Verweichlichung von Männern, der Emanzipation der Frau, des Transvestismus, der Homosexualität und des Lesbianismus spiegelt wider, daß es vielen Männern und Frauen nicht gelingt, sich mit ihrem eigenen Geschlecht zu identifizieren, geschweige denn mit ihrer Rolle glücklich zu sein.

Ich möchte nun nicht die alten Ansichten aufwärmen: ein Junge weint nicht und spielt nicht mit Puppen; dafür hilft ein Mädchen im Haushalt und darf keine Indianerspiele machen.

Natürlich kann ein Junge auch in der Puppenecke spielen. Es ist nur gut, wenn er dadurch häusliche Tugenden lernt, um später nicht den Pascha zu mimen. Und auch einem Mädchen wird der Umgang mit technischem Spielzeug nicht schaden. Allein schon, wenn man an einen modern eingerichteten Haushalt denkt, sieht man die Notwendigkeit dazu ein.

Es geht darum, daß sich ein Kind als Junge oder Mädchen annehmen und in seiner geschlechtlichen Eigenart bejahen lernt. Der Junge soll sich freuen, daß er ein Junge ist und später ein Mann wird wie der Papa. Ein Mädchen soll stolz sein, daß es ein Mädchen ist und einmal, wenn es verheiratet ist, Babys bekommt wie die

Mama. Sprechen Sie oft davon, wie schön es ist, verheiratet zu sein und Kinder zu haben.

Die erste Voraussetzung zu einer solchen geschlechtsspezifischen Erziehung ist die Annahme des Kindes in seinem Geschlecht. Es ist schon eine Tragödie, wenn Eltern nicht darüber hinwegkommen können, daß der heißersehnte Junge nun doch ein Mädchen geworden ist. Manche können die Enttäuschung auch nach Jahren nicht überwinden oder halten es sogar noch dem Kind immer wieder vor. Am besten ist es, sich von Anfang an nicht festzulegen und offen zu sein für das, was Gott einem in die Wiege legt.

Eine richtige Identifikation mit dem eigenen Geschlecht hängt weitgehend von dem Vorbild von Vater und Mutter ab. Dieses elterliche Vorbild rückt in unserer Gesellschaft immer weiter in den Hintergrund. Den beruflich gestreßten Vater sehen die Kinder kaum, ähnlich ist es mit der berufstätigen Mutter. In Kinderkrippen und Schulen überwiegen die weiblichen Erzieher. Bei den Alleinerziehern sind die Kinder zum größten Teil bei den Müttern untergebracht. Ganz allgemein werden die Kinder zuviel von Frauen erzogen, überall mangelt es an dem männlichen Vorbild.

Dies sollte einem christlichen Vater zu denken geben. Für ihn geht es darum, seinen Einfluß und sein Vorbild verstärkt in das Familienleben einzubringen. Sowohl Jungen als auch Mädchen benötigen das väterliche Vorbild. Der Junge braucht ein männliches Vorbild für seine eigene männliche Berufung, und das Mädchen braucht den Vater als ein männliches Gegenbild. Väter dürfen sich vor der Erziehungsaufgabe nicht drücken.

Müssen wir nun auch Wert auf geschlechtsspezifische Spielsachen, Kleidung und Aufgaben legen?

Wenn es nicht diesen gefährlichen Trend gäbe, die Wesensverschiedenheiten von Jungen und Mädchen zu leugnen, würde ich dieser Frage nicht so viel Bedeutung beimessen. Aber angesichts dieser Tendenz ermutige ich meine kleinen Mädchen erst recht, mit Puppen zu spielen, sie zu waschen, zu pudern, zu wickeln und in der Puppenküche in hausfraulichen Betätigungen aufzugehen. Es ist eine Freude, sie mit hochroten Wangen werkeln zu sehen – ein emanzipierter Pädagoge würde allerdings erbleichen. Andererseits, warum soll ich einen Jungen davon abhalten mitzuspielen? Zu einer Puppenfamilie gehört ein Puppenvater, wie zu einer richtigen Familie auch ein richtiger Vater gehört.

Man braucht gar keinen Einfluß zu nehmen, Jungen erfinden von selbst Kampf- und Wettspiele. Unermüdlich geht es darum, wer am schnellsten oder am stärksten ist. Hier haben sie die Chance, Fairneß, Rücksichtnahme und Verzichtenkönnen zu lehren. Achten Sie also auch auf spezifische Jungenspiele.

Ich habe alle meine Jungen in handwerklichen Fähigkeiten geschult. Sie können den Garten umgraben, Geräte reparieren und Fahrräder flicken. Meine Mädchen sind natürlich dabei und lernen es auch, soweit sie Interesse haben.

Was die Mitarbeit im Haushalt betrifft, also Küchendienst, Aufräumen u. a., sind sowohl Mädchen als auch Jungen dran. Es wäre ein Fehler, würde man zum Beispiel Jungen aus einem falschen Rollenverständnis heraus nicht hinzuziehen. Für ihre spätere Aufgabe als Vater ist Mithilfe im Haushalt unerläßlich.

In der Art der Kleidung sind wir wachsamer geworden. Wir achten darauf, daß unsere kleinen Mädchen auch Röcke tragen und sich in spezifisch weiblicher Kleidung wohl fühlen.

Wir versuchen bewußt und im Gegensatz zum gesellschaftlichen Trend, unseren Kindern Starthilfen zu geben, damit sie einmal in ihre spätere Lebensaufgabe als Männer und Frauen hineinwachsen können.

Wie muß ein Junge über Frauen denken, wenn er sich heimlich am Nachmittag einen „Porno" angesehen hat?

Was empfindet ein Mädchen, wenn es täglich anzügliche Bemerkungen über seine Figur zu hören bekommt, wenn in den Zeitschriften ein Frauenbild vermittelt wird, dessen Schwerpunkt offensichtlich auf den sexuellen Wünschen des männlichen Geschlechts liegt?

Die Frühsexualisierung der Teenager mit einer einseitigen Betonung von Triebbefriedigung und Liebestechniken einerseits und Egoismus und Lieblosigkeit andererseits trägt nicht gerade dazu bei, daß sich beide Geschlechter mit Achtung, Rücksichtnahme und Verantwortung begegnen.

Selbstverwirklichung und eigener Lustgewinn – die Kinder wachsen mit diesen Maximen auf – müssen konsequenterweise dazu führen, daß der Partner lediglich als Objekt persönlicher Befriedigung gesehen wird. Unter diesen Voraussetzungen ist der Verschleiß an Partnern verständlicherweise groß.

Dieser Tendenz vorzubeugen und unseren heranwachsenden Kindern eine Haltung des Respektes und der Höherachtung mitzugeben, ist Aufgabe christlicher Eltern.

Wiederum wird der Grundstein dazu durch das Vorbild der Eltern gelegt. Wie sind die Umgangsformen bei Ihnen zu Hause? Auch Säuglinge bekommen schon mit, ob Wortfetzen oder sogar Gegenstände fliegen oder ob Harmonie, Scherz, Gesang seine Umgebung erfüllen. Am Elternvorbild bekommt ein Kind am eindrucksvollsten mit, was es heißt, höflich, rücksichtsvoll und zärtlich zu sein.

Wenn Sie sich so verhalten, dann können Sie mit gutem Gewissen erwarten, daß Ihre Kinder Ihnen nacheifern. Denn die Achtung vor den Eltern und auch vor Gott wird dem Heranwachsenden helfen, seinem zukünftigen Lebenspartner später genauso zu begegnen.

Der allgemeinen Haltung der Rücksichtslosigkeit und Lieblosigkeit muß in der Geborgenheit der Familie ein Gegengewicht gesetzt werden. Hier werden die höflichen Umgangsformen eingeübt, das Anspruchsniveau für einen künftigen Lebenspartner wird gesetzt.

Sie sollten zwei Erziehungsziele gleichzeitig vor Augen haben: die Erziehung zur Liebesfähigkeit und die Erziehung zum Verzicht.

Egoismus, Einzelgängertum und Kontaktarmut sind charakteristisch für einen Menschen, der Liebe nicht annehmen kann, aber auch für einen Menschen, der nicht in der Lage ist, zu verzichten. Liebesfähig sein heißt, sich beschenken und beglücken zu lassen, aber auch Freude daran zu haben, sich hinzugeben und andere glücklich zu machen.

Dazu wird das Kind bereits im Mutterleib und im Säuglingsalter angeleitet. Zunächst geht es darum, daß es sich in einer Atmosphäre der Geborgenheit und Sicherheit entwickeln kann. Gereiztheit, Nervosität, Abgespanntheit, Angst, Unausgeglichenheit verhindern diese Urgeborgenheit. Ein Hinweis auf die Probleme der Berufstätigkeit der Mutter, der Scheidungswaisen und der fortschreitenden Auflösung der Familie soll hier genügen.

So wichtig auch Liebesfähigkeit ist, von gleicher Bedeutung ist die Erziehung zur Verzichtfähigkeit. Ohne Rücksichtnahme, ohne Verzicht kann keine dauerhafte, glückliche menschliche Beziehung aufgebaut werden.

Schon im Kleinkindalter muß ein Kind behutsam lernen, abgeben zu können. Wir dürfen nicht sofort jedem Verlangen nachgeben. Es muß teilen und auch warten können. Es muß gesetzte Grenzen akzeptieren lernen. Dies wird ihm um so leichter fallen, je größer die gefühlsmäßige Sicherheit, die Geborgenheit und Liebe ist.

Ein Vater hat die Aufgabe, bei seinen Kindern auf eine Haltung des Respektes vor seiner Ehefrau zu achten. Denn besonders Mütter werden von ihren Teenagern mit

Unhöflichkeiten attackiert, während sie es sich bei ihrem Vater oft nicht so trauen. Das trifft vor allem bei den Jungen zu.

Andererseits wird ein Vater für seine großen Mädchen ein Beispiel männlicher Ritterlichkeit und Reinheit darstellen, an dem sie sich für ihre zukünftige Partnerwahl orientieren werden.

In guten und in schweren Tagen

Das Eheversprechen, einander in guten und in schweren Tagen treu zu sein, „bis der Tod euch scheidet“, wird wohl in den nächsten Jahren nur noch von den wenigsten Bürgern eingehalten werden.

Bei der Vorstellung von Liebe, wie sie heute vorherrscht, ist es auch nicht anders zu erwarten. Zur Zeit wächst eine ganze Generation mit einem falschen Verständnis von Liebe auf. Durch Schlager, Zeitschriften, Fernsehen und Filme werden sie dazu erzogen, Liebe mit Verliebtheit oder sexueller Triebbefriedigung gleichzusetzen. Dadurch wird etwas von der Ehe gefordert, was sie niemals geben kann. Haben sich dann die Sehnsüchte nicht erfüllt, versucht man sein Glück eben mit einem anderen Partner.

Neulich machten meine Frau und ich einen Abendspaziergang. Zum Abschluß setzten wir uns noch in ein Restaurant. Und schon dudelte der uralte Schlager mit seiner eingängigen Melodie aus dem Lautsprecher: „Die Liebe ist ein seltsames Spiel, sie kommt und geht von einem zum anderen ...“ Auf dem Nachhauseweg ertappte ich mich dabei, wie es ungewollt durch meine Gedanken summte: „Die Liebe ist ein seltsames Spiel ...“

Solche passiv aufgenommenen Eindrücke wirken nach. Wenn ein Teenager einzig und allein mit dieser Einstellung aufwächst, wird er nicht weit kommen. Für die meisten Menschen ist Liebe ein unkontrollierbares Gefühl, wofür bzw. wogegen man nicht viel unternehmen kann. Sie kommt und verläßt uns, wann sie will, und entzieht sich unserer Kontrolle. Bei diesen falschen Vorstellungen verfällt man leicht auf den Gedanken: wir lieben einander nicht mehr. Daran ist wohl nicht viel zu ändern. Die Konsequenzen sind dann schnell gezogen.

In einer Zeit, die geprägt ist von Frühsexualisierung, Partnertausch und Bindungslosigkeit, ist es um so wichtiger, unsere Kinder zu lehren, daß der wesentlichste Aspekt der Liebe zwischen zwei Menschen der Willensentschluß ist, ihm treu zu sein und sich an ihn zu verschenken. Liegt einmal diese Haltung vor, wird eine romantische Liebe ein Leben lang vorhalten können.

Als zweites müssen wir ihnen mit auf den Weg geben, daß nach dem Wort Gottes der einzig legitime Platz für die Sexualität im Bereich der ehelichen Gemeinschaft zu finden ist. Alles andere bezeichnet die Bibel als Unzucht bzw. Ehebruch.

Sagen Sie es Ihren Kindern vielleicht so: „Nach den Worten der Bibel beginnt die Ehe mit einem öffentlichen Bund vor Zeugen, in dem sich zwei Menschen ihre lebenslange Treue zusagen. Erst danach ist der Weg frei für geschlechtliche Gemeinschaft. Nicht vorher!“

Wie sag ich's meinem Kinde...

Nehmen Sie also diese drei Schwerpunkte mit in Ihre Erziehungsstrategie hinein: die Annahme des eigenen Geschlechtes, die Achtung vor dem anderen und die Erziehung zu einer dauerhaften partnerschaftlichen Beziehung in einer Ehe.

Dies läßt sich durch Ihr Vorbild, durch bewußt beachtete Umgangsformen und durch Gespräche in dem Familienleben erfüllen. Ich meine, daß man darüber ständig im Gespräch sein kann; ganz natürlich, wie bei jedem anderen Thema auch.

Darüber hinaus gibt es wohl zwei Phasen in der kindlichen Entwicklung, die wir besonders berücksichtigen sollten.

Einmal die Zeit vor dem Schuleintritt und dann der Beginn der Pubertät.

Mit drei bis fünf Jahren beginnt ein Kind, sich bewußt mit seinem Geschlecht als Junge oder Mädchen auseinanderzusetzen, und fängt an, nach den verschiedenen Körperfunktionen und Bezeichnungen zu fragen.

Wer nie ausweicht und mit seinen Kindern offen spricht, wird erstaunt sein, wie unbefangen Kinder darüber reden. Wenn Sie die ersten Hemmungen überwunden haben und wissen, wie Sie auf die Kinder eingehen müssen, wird es Ihnen viel Freude machen. Es ist eine gute Vorbereitung für die vertieften Gespräche in der zweiten Phase zur Vorbereitung auf die Pubertät.

Wonach kleine Kinder fragen

Dietmar Rost führt in seinem Buch „Unserm Kind zuliebe" (67) drei Hauptfragen an, die erfahrungsgemäß in ähnlicher Form immer wieder gestellt werten:

1. Die Frage nach der Herkunft der Kinder:
„Mama, wo kommen die Babys her?"
2. Die Frage nach der Geburt:
„Mama, wie kommen die Babys aus dem Bauch heraus?"
3. Die Frage nach der Zeugung:
„Mama, wie kommen die Babys in den Bauch hinein?"

Für die Beantwortung dieser drei Fragengruppen sollten Sie also gewappnet sein. Auch wenn die Fragen vielleicht recht unverblümt in den unmöglichsten Situationen gestellt werden, gehen Sie auf jeden Fall darauf ein. Das Kind fragt, wie auf anderen Gebieten auch, weil es neugierig ist und etwas wissen will.

Und so sollten Sie die Fragen auch beantworten: natürlich, unbefangen, wahrhaftig, kindgemäß, ohne einen Vortrag zu halten. Dadurch lernt schon ein kleines Kind, daß Sexualität nichts Geheimnisvolles oder Peinliches ist, sondern ein Thema wie alle anderen, über die es sich gern mit seinen Eltern unterhält.

Die Herkunft der Kinder

Die natürlichen Situationen geben oft einen zwanglosen Ansatz für ein Gespräch: eine Schwangerschaft in der Nachbarschaft, Verwandtschaft oder in der eigenen Familie.

Es kann ratsam sein, mit dem Gespräch einige Monate zu warten, bis der Körperumfang der Mutter zugenommen hat. Die Ungeduld könnte sonst zu groß werden.

Die richtigen Formulierungen sind wichtig: Ausdrücke, wie „unter dem Herzen der Mutter“ oder „im Schoß der Mutter“ sind unklar und irreführend für das kindliche Verständnis.

„So kann die Antwort auf die Frage: ‚Mutti, als ich ganz klein war, wo habt ihr mich da hergeholt?‘ nur lauten: ‚Wir haben dich nirgends hergeholt. Du bist hier in meinem Bauch gewachsen.‘“ (68)

Die Geburt

Erkundigt sich ein vierjähriges Kind nach der Geburt, dürfen wir nicht meinen, es hätte bei seiner Frage die Zeugung gemeint. Es rätselt lediglich herum, wie so ein großes Baby aus dem Bauch herauskommen kann.

„Fragt ein Kind, wie oder wo das Baby aus dem Bauch herauskommt, so heißt die Antwort: ‚Zwischen den Beinen der Mutter.‘ Das wird nun genau lokalisiert: ‚Da, wo die Spalte ist.‘

Auf die Frage: ‚Wenn das Baby aus dem Bauch kommt, platzt dann der Bauch?‘ lautet etwa die Antwort: ‚Nein, das geht viel besser und schöner. Die Babys kommen zwischen den Beinen der Mutti heraus. Da, wo man die Spalte sieht.'" (69)

Zeugung und Empfängnis

Über Geburt und Schwangerschaft zu sprechen, fällt nicht so schwer. Bei der Zeugung wird es manchen Eltern ungemütlich, und sie versuchen diese Frage abzuwimmeln. Warum eigentlich? Einen Fünfjährigen interessiert der Geschlechtsverkehr noch nicht. Er will lediglich wissen, wer so ein großes Kind in den Bauch hineingebracht hat.

„Die Antwort auf die obige Frage lautet deshalb: ‚Das Kind ist überhaupt nicht in die Mutter hineingekommen. Es ist von Anfang an darin gewachsen.' Dabei wiederholen wir noch einmal die Entwicklung aus einem winzigen Ei.

Sollte sich allerdings herausstellen, daß ein Kind tatsächlich nach der Zeugung fragt, weil es vielleicht durch andere davon gehört hat, so sollte klar und wahr in kindgemäßer Form gesagt werden, daß der Vater der Mutter seinen Samen gibt und dabei sein Glied in die Scheide der Mutter steckt." (70)

Was muß ein Schulanfänger wissen?

Es ist ratsam, sich das Ziel zu setzen, diese drei Fragenkomplexe bis zum Schulbeginn durchgesprochen zu haben, auch wenn das Kind wenig fragt.

Die Regel „Antworte nur, wenn dein Kind dich fragt" trifft nicht auf alle Kinder zu. Manche sind nämlich ziemlich desinteressiert an diesen Fragen. Andererseits könnte es sein, daß ein Kind sich nicht zu fragen traut, weil es gehemmt ist oder bereits schmutzige Witze gehört hat und meint, daß man darüber nicht spricht.

Wie es auch sei, wenn ein Kind bis zum Alter von sechs Jahren nicht gefragt hat, sollten Sie von sich aus das Thema anschneiden. Eine gute Hilfe ist das farbige Bilderbuch „Du und ich und unser kleines Baby" (71). Wenn das Kind später lesen kann, ist das Buch „Wenn du größer wirst“ (72) sehr hilfreich.

Es wäre zu schade, wenn Ihnen die Straße zuvorkommen würde. Ist das Informationsbedürfnis des Vorschülers auf gute, natürliche Weise von seinen Eltern gestillt worden, wird die Anfälligkeit für Zoten um so geringer sein, und auch der Sexualkundeunterricht in der Grundschule kann besser aufgefangen werden.

Wissen sie Bescheid, fragen Kinder zwischen sechs und zehn Jahren interessanterweise wenig nach sexuellen Dingen. Die Psychologie spricht von einer sexuellen Latenzphase. Danach beginnt aber bald die Zeit, in der wir unser Kind auf die Pubertät vorzubereiten haben.

Nackt mit Kindern?

Gerade weil uns in der Öffentlichkeit – in den Medien, in Parks, Badeanstalten und an Stränden – ein Nacktheitswahn begegnet, muß eine christliche Familie eine biblisch-orientierte Haltung finden.

Eins beobachten wir recht schnell: kleine Kinder haben ein ungestörtes Verhältnis zur Nacktheit. Das merkt man an ihren Fragen und an der Freude, mit der sie nach dem Baden splitternackt durch die Wohnung flitzen.

Das brauchen Eltern nicht zu unterdrücken. Vielmehr ergibt sich so die beste Gelegenheit festzustellen, daß Mädchen anders aussehen als Jungen. Ihre Fragen dazu sollten die Eltern ohne viel Aufhebens beantworten und darauf achten, daß alles seinen Namen bekommt. Am besten im normalen Hochdeutsch: „Du hast ein Glied und deine Schwester hat eine Scheide, damit man weiß, wer ein Junge und wer ein Mädchen ist.“ Was einen richtigen Namen hat, verliert den Charakter des Geheimnisumwitterten.

Dürfen nun Kinder ihre Eltern nackt sehen? In Familien mit kleinen Kindern ist das oft kein Problem. Warum sollte man sich nicht in den natürlichen Situationen, zum Beispiel beim Umziehen im Schlafzimmer oder beim Entkleiden im Badezimmer, sehen wie man ist?

Kinder müssen sich schließlich eine Vorstellung machen können von Wachsen, Werden und Reifen. Sie müssen auch wissen, wie Männer und Frauen aussehen. Es ist nur richtig, das natürliche Schaubedürfnis der kleinen Kinder in der Familie zu erfüllen.

Die Grenzen finden sich dort, wo es um das Anfassen von Geschlechtsteilen geht, oder wo Freikörperkultur betrieben wird. Damit wird das Schamgefühl verletzt und der Bereich der Natürlichkeit überschritten.

Wächst ein Kind gesund auf, wird es in der Vorpubertät beginnen, sich zu genieren. Es möchte beim Waschen allein im Bad sein und gibt sich auch sonst nicht mehr so unbefangen.

Jetzt ist es an der Zeit, daß Eltern dies respektieren und schützen. Der Spruch „Stell dich doch nicht so an" ist fehl am Platz. Eltern sollten vielmehr darauf achten, daß Geschwister zumindest optisch getrennt schlafen können und daß ihre Tochter im Bad vor den ungenierten Blicken ihrer kleinen Brüder abgeschirmt wird.

In dem Kind entwickelt sich nämlich eine wichtige Schutzfunktion: das Schamgefühl!

Verschiedene Instanzen in unserer Gesellschaft bemühen sich, diesen Schamschutz abzubauen; man will uns das Schämen abgewöhnen durch eine aggressive Zurschaustellung aller Intimbereiche. Scham gehört aber zum Menschsein. Ein „schamloser" Mensch begibt sich auf die Stufe des Tieres, das keine Scham kennt.

So ist es eine wichtige erzieherische Aufgabe, das Schamempfinden in der Familie zu schützen und zu fördern. Der natürliche und freie Umgang mit unseren Kleinkindern, bei dem sie ihr Informationsbedürfnis stillen dürfen, und dann das Beachten des sich entwickelnden Schamgefühls des Vorpubertierenden fördern diese Entwicklung.

Warnung vor dem „guten Onkel“

Zur kindlichen Geschlechtserziehung gehören unbedingt auch die Aufklärung und Warnung vor Triebtätern. In unserer Gesellschaft wird immer ungehemmter nach Kindern gegriffen, wobei die Zugriffe von Bekannten und Verwandten ansteigen.

In der Bundesrepublik Deutschland werden pro Jahr mehr als 40 000 Sittlichkeitsdelikte bekannt. Experten schätzen, daß aber mindestens 150 000 Kinder jährlich Opfer sexueller Gewalt werden. Betroffen sind zu 90% Mädchen.

Gewalt wird vor allem von jüngeren Männern (zwischen 25 und 35 Jahren) hauptsächlich gegen relativ ältere Mädchen (zwischen 14 und 20 Jahren) angewandt. Begangen werden Sexualstraftaten vorwiegend in den warmen Monaten Mai bis August.

Eine Auswertung des kriminalistischen Instituts beim Bundeskriminalamt enthält „als Fazit unter anderem den höchst provozierend klingenden Satz: Die Warnung vor dem fremden Onkel ist wenig sinnvoll; angebracht wäre eher die Warnung vor dem echten Onkel, dem Vater, dem Freund ...“ (Die Welt, 10. 10. 84).

Für den Bereich der tatsächlichen Gewaltanwendung ergibt sich ein erschreckendes Bild: „59,8% der Täter waren mit ihrem Opfer verwandt, weitere 31% gut bekannt (Nachbar, Freund des Hauses oder sogar Lehrer) und nur 9,2% unbekannt.“

Wohlgemerkt, dies sind die Fälle mit Gewaltanwendung, die an die Öffentlichkeit getreten sind. Welch ein erschütterndes Zeugnis über den Umgang in manchen Familien!

Aufklärung und Aufsicht

Die Aufklärung darf sich nicht nur an kleine Kinder richten, sondern auch an Mädchen im Teenageralter. Dabei wird es nicht leicht sein, ein Gleichgewicht zwischen Ängstlichkeit und Gottvertrauen zu finden.

Den Kleinen muß gesagt werden, daß der „böse Onkel“ in der Regel nicht böse aussieht, sondern eher sehr freundlich wirkt und sich in nichts von anderen Menschen unterscheidet.

Die Kinder müssen wissen:

- daß sie sich Fremden nicht anvertrauen dürfen,
- daß sie sich keine Geschenke versprechen lassen sollen,
- daß sie Fremden keinesfalls folgen dürfen,
- daß sie niemals in Autos fremder Menschen einsteigen dürfen,
- daß sie niemals in fremde Wohnungen mitgehen dürfen und
- daß sie auch niemand in die Wohnung lassen, wenn sie allein sind.

Kinder sollten auch aufgefordert werden, auf kleinere Spielkameraden zu achten und Verdächtiges den Eltern zu berichten.

Es wäre jedoch falsch, die Gefahr nur bei fremden Personen zu vermuten. Die Erfahrungen der Kriminalpolizei zeigen deutlich, daß ein nicht unerheblicher Anteil dieser Delikte auf das Konto von Tätern gehen, die zum vertrauten Kreis des Kindes zählen. So sollte es niemals mit jemandem mitgehen, ohne seinen Eltern Bescheid zu sagen.

Mädchen, die zu Leichtfertigkeit neigen, sollte man diese Dinge noch einmal einschärfen. Sie machen sich nämlich keine Vorstellung davon, was leichte sommerliche Kleidung und eine offene, freundliche Haltung Männern gegenüber auslösen kann. Schärfen Sie ihnen ein, finstere, einsame Straßen und Parks zu meiden und lieber einen Umweg in Kauf zu nehmen. Besonders wichtig ist die Warnung, nicht per Anhalter zu fahren und abends lieber in Gruppen unterwegs zu sein.

Dies ist kein schönes Thema. Es zeigt, wie weit die

schleichende Inflation der Moral bereits fortgeschritten ist. Aber trotz aller Vorschriftsmaßnahmen dürfen unsere Kinder wissen, daß auch für sie Gottes Schutz da ist, insbesondere, wenn sie in seinem Willen wandeln.

Vorbereitung auf die Pubertät

Denken Sie an die Bravo-Leitbilder und deren sexuelle Aussagen, die Aufklärung, und berücksichtigen Sie, daß die Hauptleserschaft dieser Jugendzeitschrift zwischen 12 und 14 Jahren alt ist. Dann wissen Sie ja, welche Aufgabe Sie erwartet.

Sie müssen den Bravo-Psychologen zuvorkommen und Ihr Kind sorgfältig auf die stürmischen Jahre der Pubertät und Teenagerzeit vorbereiten. Sprechen Sie rechtzeitig mit Ihrem Kind über das, was an körperlichen Veränderungen geschieht, aber auch über die massiven Beeinflussungen und Verführungen von außen, die es von dem geraden Weg einer christlichen Nachfolge abziehen wollen.

Je stärker Ihr Familienleben auf einer Basis der gegenseitigen Achtung und des Vertrauens beruht, desto bereitwilliger wird Ihr Kind auf Sie hören.

Zusätzlich zu allen bisherigen Unterhaltungen sollten Sie in der Vorpubertät ein entscheidendes Gespräch mit Ihrem Kind suchen. Setzen Sie den Zeitpunkt bitte nicht zu spät an. Kinder sind meistens in ihrer Entwicklung und ihrem Wissen weiter, als Eltern ahnen.

Mediziner setzen die Pubertät bei einem Mädchen zwischen 10 und 17 Jahren und bei einem Jungen zwischen 12 und 19 Jahren an. Deswegen sollten Sie sich mit Ihrem Kind, wenn es das 12. oder 13. Lebensjahr erreicht hat, für einen Nachmittag zusammensetzen und gezielt die zukünftigen Veränderungen und Gefahrenpunkte ansprechen. Dabei sollte der Vater mit dem Sohn und die Mutter mit der Tochter sprechen – oder beide gemeinsam mit dem Kind. Bereiten Sie sich sorgfältig darauf vor, scheuen Sie sich nicht, einen Spickzettel anzufertigen.

Ich habe mich selbst gründlich darauf vorbereiten müssen und mir eine Liste mit den wichtigsten Punkten angefertigt, die ich mit meinen Kindern durchsprechen will, wenn sie in das entsprechende Alter kommen. Bis jetzt habe ich die Notizen sechsmal hervorgekramt, und ich werde sie wohl noch fünfmal benötigen. Jedesmal kommen ein paar weitere Anmerkungen dazu.

Auf drei Gedanken lege ich besonders großen Wert:

- Hinweise auf die körperlichen Veränderungen,
- Hinweise auf die seelischen Veränderungen,
- Hinweise auf die Verantwortung im sexuellen Bereich.

Über den menschlichen Körper und den Geschlechtsverkehr wird Ihr Kind wahrscheinlich schon genug wissen. Ihre Aufgabe ist, das Kind auf die physischen und psychischen Umwälzungen der Pubertätsjahre sowie auf die persönliche sexuelle Verantwortung vorzubereiten. Und das sollte durchaus im Gegensatz zur Meinung der meisten Menschen, mit denen es aufwächst, geschehen, nämlich nach den Maßstäben der Bibel.

Hinweise auf körperliche Veränderungen

Ich möchte Ihnen in Stichworten mitgeben, was auf meiner Liste steht:

Pubertät bedeutet: Dein Körper bereitet sich auf die Aufgabe der Elternschaft vor. Du wirst einige vielleicht beunruhigende Veränderungen in deinem Körper und deiner seelischen Verfassung feststellen. Aber sei beruhigt, das hat jeder erlebt – ich auch –, und es geht garantiert vorüber.

– Du wirst eine Zeitlang schneller wachsen; das wird viel Kraft und Energie in Anspruch nehmen. Wundere dich nicht, wenn du öfter müde sein wirst. Achte auf eine gesunde Ernährung.

– Dein Körper wird bald erwachsen werden.

Bei Jungen: Es werden in den Achseln und in der Geschlechtsgegend Haare wachsen, und die ersten Barthaare werden sprießen. Deine Stimme wird tiefer werden. Die Geschlechtsorgane werden größer. Eventuell wirst du Hautprobleme bekommen durch die Absonderung von Fetten.

Bei Mädchen: Der weibliche Körper durchläuft noch mehr Wandlungen als der männliche, weil er sich auf die komplizierte Aufgabe der Mutterschaft vorbereitet. Die Menstruation ist nichts, was du fürchten müßtest. Dein Körper teilt dir mit, daß du nun kein Kind mehr bist. Du wirst rundlicher, deine Brust wird sich entwickeln, und dir werden Haare wachsen wie bei den Jungen (dazu kommen weitere praktische Ratschläge für den Tag der ersten Blutung).

– Jeder Junge und jedes Mädchen hat seinen eigenen Fahrplan. Bei Mädchen zwischen 10 und 17 Jahren, bei Jungen zwischen 12 und 19 Jahren.

Du siehst, die Zeitspanne kann recht groß sein. Es ist ganz normal, daß sich einige Teenager schneller entwickeln als andere. Sei also nicht beunruhigt, wenn es bei dir nicht so schnell gehen sollte wie bei den anderen. Gott hat noch keinen bei der Pubertät übersehen.

Hinweis auf seelische Veränderungen

So, wie sich dein Körper umstellt, muß sich auch dein seelisches Empfinden auf das Erwachsenwerden einstellen:

– Die Pubertät wird eine Zeit der gefühlsmäßigen Höhen und Tiefen sein. Du wirst dir manchmal lächerlich, wertlos oder minderwertig vorkommen. Ich sage es dir jetzt schon, damit du dann nicht beunruhigt bist und auch weißt, daß das normal ist.

– Pubertät ist auch eine Zeit des Zweifelns. In den letzten Jahren haben wir Eltern dich gelehrt, was richtig ist und wie du denken solltest. Wenn du älter wirst, wirst du manches von diesen Dingen hinterfragen. Das ist dein gutes Recht. Du sollst nicht uns zuliebe brav sein oder nur, weil du Angst vor Strafe hast, sondern weil es die persönliche Entscheidung deines Herzens ist und du Gott gefallen möchstest. Dafür bete ich, und dabei will ich dir helfen.

– Gerade weil Teenager innerlich unsicher sind, zählt die Meinung der Gruppe sehr viel. Wer will schon gern von seinen Klassenkameraden ausgelacht werden. Dieser Gruppendruck kann dich aber auch zu Dingen verführen, die du eigentlich gar nicht willst. Viele Verführungen kommen auf dich zu: Zigaretten, Alkohol, Drogen, Diebstahl, Schmusereien... Kannst du nein sagen? Habe Mut, anders zu sein!

– Auf dem Weg zum Erwachsenwerden bist du aber auch auf der Suche nach dem eigenen Ich. Es gibt viele falsche Lebensinhalte. Z. B. gelten Schönheit, Intelligenz und Geld in unserer Gesellschaft für viele am meisten. Gott hat andere Wertmaßstäbe: er liebt dich, so, wie du bist, und stellt dir Aufgaben für dein Leben. Lerne die Fähigkeiten und Begabungen zu entdecken, mit denen du später einmal Gott dienen kannst. Suche dir gute Freunde, mit denen du auch über die tiefen Werte des Lebens sprechen kannst.

Hinweis auf die Verantwortung im sexuellen Bereich

– Du wirst mehr und mehr interessiert sein an Menschen des anderen Geschlechts und ganz neue Gefühle entdekken. Da ist überhaupt nichts Schlechtes dran. Gott hat es so gewollt, damit wir uns einmal eine eigene Familie wünschen.

– Gott hat auch das geschlechtliche Verlangen in dich hineingelegt, aber er erwartet auch, daß du es in der Gewalt hast! In der Bibel lesen wir mehrmals, daß wir unseren Körper für die Person aufheben sollen, die wir einmal heiraten werden. Es wäre gut, wenn du dich jetzt schon entscheiden würdest, diese Forderung zu befolgen. Du wirst die Erfahrung machen, daß man dir von vielen Seiten etwas anderes einreden will (z. B. in der Bravo).

– Selbstbefriedigung. Leider sind viele Jungen und Mädchen während ihrer Teenagerzeit darin verstrickt. Infolge der Produktion und Aufspeicherung der Samenzellen sind Jungen weitaus anfälliger für eine Selbstreizung als Mädchen. Normalerweise geschieht von Zeit zu Zeit im Schlaf ein Samenerguß von selbst. Oftmals ist er mit schönen Gefühlen verbunden, so daß du verleitet sein könntest, es selbst herbeizuführen, indem du deine Geschlechtsteile streichelst. Nimm meinen Ratschlag an: Laß von vornherein die Finger davon! Für die, die es oft tun, kann daraus eine Sucht werden, von der sie nicht loskommen und die sie unglücklich macht.

– Homosexualität. Viele meinen, Homosexualität wäre etwas Harmloses. Die Bibel verurteilt sie jedoch als Sünde, weil der Mensch seine Geschlechtlichkeit mißbraucht. Gemeint ist, daß Menschen gleichen Geschlechts miteinander zärtlich sind und sich geschlechtlich erregen. Laß dich nicht von einem anderen Jungen bzw. Mädchen verleiten, euch gegenseitig zu streicheln und zu erregen; erst recht nicht von einem Erwachsenen. Sag es mir, wenn es jemand versuchen sollte.

– Freundschaft und Liebe. Bewahre eine Haltung der Höflichkeit und des Respektes vor dem anderen Geschlecht. Mach die schmutzigen Sprüche nicht mit, und bewahre dir reine Gedanken.

Laß dich nicht auf Schmusereien und oberflächliche Teeny-Freundschaften ein. Deine eigene Persönlichkeit muß erst reifen. Gott hat schon einen richtigen Lebenspartner für dich; den wirst du aber in den Teenagerjahren wohl noch nicht finden.

Wenn du später eine/n Freund/in suchst, dann halte nur nach einem/er gläubigen Ausschau. Mit einem anderen Partner fehlt dir die Basis für ein gemeinsames Eheleben.

Die meisten Teenager haben eine falsche Vorstellung von Liebe: Liebe sei ein seltsames, kitzeliges Gefühl, das kommt und geht, wie es will. Richtige Liebe aber ist eine Willensentscheidung, jemanden zu lieben und ein ganzes Leben lang treu zu sein. Diese Entscheidung muß man sich gut überlegen, und du bist als Teenager einfach noch überfordert damit.

Mit diesen kurzen Stichworten möchte ich Ihnen lediglich ein Gedankengerüst mitgeben. Sie werden die Erfahrung machen, daß man bei den verschiedenen Kindern unterschiedliche Schwerpunkte setzen muß. Bei dem einen wird man die Verantwortung im sexuellen Bereich mehr betonen, bei dem anderen vielleicht mehr Wegweisung und Trost für den seelischen Bereich aussprechen. Lernen Sie selbst!

Wenn Sie Ihrem Kind diese Gedanken in der Vorpubertät mitgeben, werden Sie merken, daß Sie einen recht aufmerksamen Zuhörer haben. Schließlich ahnt das Kind ja schon, daß Neues auf es zukommt, und sucht nach Orientierung. Sie sollten der erste sein, der diese mitgibt. So hat ihr Kind einen Maßstab, an dem es seine künftigen Erfahrungen messen kann.

Stimmt die Vertrauensbasis, dann gleichen Ihre Ratschläge einem inneren Summer, der den Heranwachsenden mahnt, auf dem rechten Weg zu bleiben. Und selbst, wenn sich ein Jugendlicher anders entscheiden sollte, Sie können sich zumindest sagen, daß Sie ihm den richtigen Weg gezeigt haben. Dies kann die Grundlage für eine spätere Rückkehr zu den Maßstäben der Bibel sein.

Dieses schärfe deinen Kindern fleißig ein ...

Die schweißnasse Hand umschließt verkrampft die häßliche, gnomhafte Figur in der Hosentasche. „Ich bin immer bei dir...“, zucken die Gedanken durch das verängstigte Kinderhirn, während der Kleine durch die spärlich beleuchteten Straßen nach Hause eilt.

E.T., das außerirdische Wesen, das über die Kinoleinwand flimmerte, ist für viele Kinder zum Glaubensersatz geworden.

Es gibt zu viele Lehrer und auch Eltern, die Kindern das Vertrauen in Jesus lächerlich und unglaubwürdig machen. Die Kinderherzen sehnen sich dennoch nach Geborgenheit, Halt und Orientierung. Sie suchen und finden sie dann auf andere Weise: bei dem Sternzeichen um den Hals, bei dem Maskottchen, dem Daumendrücken und einem E.T. in der Hosentasche. Was für ein erbärmlicher Glaubensersatz!

Ein geistlicher Notstand

„Das deutsche Volk steht in einer der größten Krisen“, erklärte der Erste Vorsitzende des Bibellesebundes. „Nur noch 0,5% der Bevölkerung lesen in der Bibel!“

Kirchenaustritte mehren sich, das Desinteresse an christlichen Glaubensinhalten nimmt erschreckend zu. Man muß bereits von einem nachchristlichen Abendland reden. Vom Christentum ist nicht viel geblieben.

Statt dessen beobachten wir eine beängstigende Neugierde und Experimentierfreude für das Magische und

Okkulte. Die Zeit der aufgeklärten Rationalität ist vorüber. Es wird wieder geglaubt. Fragt sich nur woran?

„Wie kann man in der heutigen Zeit nur noch an Jesus glauben", werden Christen mitleidig belächelt. „Wo es doch viel wirksamere Phänomene gibt."

Das Sternzeichen am Hals wird dem Kreuz vorgezogen. Oder man hängt sich beides um, wie ich es neulich sah. Vielleicht, weil man sich doch nicht so sicher ist, was besser wirkt. Statt einer morgendlichen Bibellese gibt das Horoskop tägliche Wegweisung. Man ist interessiert an Telekinese, Hellsehen und anderen außersinnlichen Wahrnehmungen.

Aber auch die härteren Spielarten sind gefragt. Okkulte Logen und Orden, die einen Neosatanismus praktizieren, verzeichnen gegenwärtig wieder neuen Zulauf. Vernunft ist out – Übersinnliches ist in.

Dies sind die Fakten:

– Rund 4000 Astrologen, Sterndeuter und andere selbsternannte Lebenshelfer haben derzeit in Deutschland Hochkonjuktur. Jeder zweite Deutsche liest regelmäßig das Horoskop und glaubt, sein Leben werde vom Gang der Gestirne beeinflußt.

– Die Zahl der aktiven Hexen und Satanspriester beläuft sich auf etwa 2500. Über 25% aller Westdeutschen (jeder 4. Bürger) sind überzeugt von den „übersinnlichen Kräften dieser Magiere". Mehr als zwei Millionen zahlen gern für die vielfältigen Dienste: Prophezeiungen, Verfluchungen, Todesrituale.

– Die Massenmedien sind zu okkulten Werkzeugen geworden. Es gibt kaum eine Zeitung, die kein Horoskop enthält. Fernöstliche Religionen, übersinnliche Phänomene, Okkultismus und Spiritismus sind die gefragten Themen.

– Vor den Fernsehschirmen werden Millionen Menschen mit okkulten Praktiken vertraut gemacht und davon mitgerissen.

– Die Filmindustrie macht mit Fantasy-Filmen, Okkultismus und Hexerei auf der Leinwand ein Bombengeschäft.

– Führende Geschäftsleute, Wirtschaftskapitäne und Politiker machen sich in ihren Entscheidungen abhängig von Wahrsagern.

– Heimlich, still und leise haben die Jugendsekten die letzten fünf Jahre zu einer Verdoppelung der Zahl ihrer Mitglieder genutzt.

Der Teufel ist los

Die okkulte Welle ist in ein geistliches Vakuum gestoßen. So viele „Ungläubige" gibt es wohl doch nicht. Es zeigt sich wieder, daß der Mensch Halt und Sicherheit braucht, etwas, woran er glauben kann.

Natürlich ist dieser neue Trend die Gegenreaktion auf eine völlig materialistische und entgeistigte Lebenshaltung. Die Kirche hat ihr Teil dazu beigetragen. Nach der Entmythologisierung hat sie keine geistigen Erfahrungen mehr zu bieten. Sie kann nicht mit Zeichen und Wundern aufwarten. Sie ist zu einer kraftlosen Philosophie unter vielen anderen geworden. Das erklärt den starken Zuwachs bei den Jugendsekten und den Boom der magischen Welle.

Christen haben kein Recht, über die bösen Zeiten zu lamentieren. Vielmehr sind sie aufgerufen, ein Leben unter der „Beweisung des Geistes und der Kraft" (1. Korinther 2,4) zu führen. Was heute dringend notwendig ist, ist ein befreiter christlicher Lebensstil, um den, der sich wie ein „Engel des Lichtes" verkleidet, zu entlarven und auf das wahre Licht, den auferstandenen Jesus Christus, hinzuweisen.

In dieser Welt wachsen unsere Kinder auf. Ich habe die Fakten deshalb so ausführlich aufgezeigt, um deutlich zu machen, von welchen Gefahren unsere Kinder umgeben sind.

Sie stehen in einer zweifachen Bedrohung: einerseits werden Kinder dem christlichen Glauben mehr und mehr entfremdet, und andererseits werden sie zunehmend in eine magische Welt hineingezogen. Vor dieser Herausforderung stehen christliche Eltern und müssen sich richtig verhalten.

Das geistliche Training unserer Kinder

Angesichts dieses geistlichen Notstandes brauchen wir in unseren Familien ein sorgfältig durchdachtes Programm für ein geistliches Training. Zu viele Eltern laufen mit Scheuklappen herum und meinen, ihre Kinder werden sich schon irgendwie zurechtfinden.

Tischgebet und Kalenderblatt reichen nicht aus! Die Bedrohung ist zu groß. Manche Eltern denken, christliche Unterweisung sei nicht so wichtig, andere meinen, sie dürften ihre Kleinen nicht so sehr mit ihrer persönlichen Glaubensüberzeugung beeinflussen. Wenn sie größer seien, sollten sich die Kinder selbst entscheiden, was sie glauben wollen.

Verhalten sich Eltern so, dann ist die Wahrscheinlichkeit groß, daß ihr Kind einmal im negativen Sinne entscheiden wird. Es ist eine Illusion zu meinen, es gäbe einen einflußfreien Raum, in dem Kinder aufwüchsen, und in irgendeinem Alter würden sie frei entscheiden, welchen Weg sie gehen wollen. Nein, sie werden täglich beeinflußt und zum Teil sogar häßlich manipuliert, wie dieses Buch aufgezeigt hat.

Neulich kam mir dieser kleine Text in die Finger:

Manche Eltern sagen:
„Wir wollen unsere Kinder nicht beeinflussen, ihre Entscheidung und ihre Wahl im Blick auf die Religion zu treffen." Warum nicht?
Die Presse wird es tun!

Das Fernsehen wird es tun!
Die Anzeigen werden es tun!
Die Nachbarn werden es tun!
Die Politiker werden es tun!
Die Macht der Sünde wird es tun!
Und wir? Wollen wir unsere eigenen Kinder übersehen? Gott, vergib uns, wenn wir es taten!

Eltern tragen die Hauptverantwortung

Schauen Sie in die Bibel hinein, dann erkennen Sie, daß die Eltern die Hauptverantwortung für die christliche Unterweisung tragen. Nicht die Schule, auch nicht die Gemeinde, sondern die Eltern sind in erster Linie angesprochen. Wir dürfen uns nicht davor drücken oder die Verantwortung anderen zuschieben.

„Und diese Worte, die ich dir heute gebiete, sollst du auf dem Herzen tragen, und du sollst sie deinen Kindern fleißig einschärfen und davon reden, wenn du in deinem Hause sitzest oder auf dem Wege gehest, wenn du dich niederlegst und wenn du aufstehst“ (5. Mose 6,6+7).

Diese beiden Bibelverse umschreiben unmißverständlich die Verantwortung christlicher Eltern. Lehre und Anbetung in der Familie sind nicht eine Möglichkeit oder ein guter Ratschlag, sondern ein Gebot, ein Befehl: „Du sollst ...“

Es ist auch nicht etwas, was so nebenbei aus dem Ärmel geschüttelt werden kann. Wir lesen vielmehr: „Du sollst sie deinen Kindern fleißig einschärfen...“ Damit sind keine schläfrigen fünf Minuten vor dem Zubettgehen gemeint, sondern ein aktives Lernen und Üben der Gebote Gottes.

Christliche Unterweisung darf aber nicht in sture Paukerei ausarten. Sie soll sich ganz harmonisch und natürlich in den Tagesablauf einpassen und auf die alltäglichen Erfahrungen Bezug nehmen: „Rede davon, wenn du in deinem Hause sitzest oder auf dem Weg gehst, wenn du dich niederlegst und wenn du aufstehst..." Jesus kann in alle Tagesbeschäftigungen mit hineingenommen werden. Es gibt keine besonders geheiligten Minuten am Tag. Was wir auch tun, Gott und seine Gebote werden mit hineingezogen. Wir sprechen über ihn und mit ihm.

Dann wird noch eine wichtige Voraussetzung genannt. Man könnte sie leicht überlesen: „Diese Worte ... sollst du auf dem Herzen tragen..." Bevor wir unseren Kindern etwas weitergeben können, müssen wir es selbst begriffen haben. Wir müssen es persönlich erlebt haben und praktizieren.

Das persönliche Vorbild

Worte allein machen es nicht. Da hat schon manch einer ungute Erinnerungen aus seiner Kindheit mitgenommen, die bis zur Ablehnung des christlichen Glaubens geführt haben. Nichts stößt wohl bitterer auf als eine fromme Doppelmoral: tiefgeistliche Worte und ein liebloser, sündiger Lebensstil.

Das gelebte Vorbild ist äußerst wichtig. Gerade in unserer Zeit, in der Kinder getrimmt werden, ihre Eltern kritisch zu beobachten und zu hinterfragen, müssen Erwachsene bemüht sein, aufrichtig und glaubwürdig zu leben.

Wenn Kinder gewisse Erfahrungen gemacht und Vergleiche angestellt haben, sollten sie zu dem Schluß kommen: der Lebensstil meiner Eltern und der ihrer Freunde ist der einzig Sinnvolle. So will ich auch leben!

Mit diesem Vorbild streben Sie ein hohes Ziel an. Lassen Sie sich deshalb einige Testfragen gefallen: Wie geben Sie sich ganz privat? Wie sprechen Sie? Wie glauben Sie? Leben Sie glaubwürdig? Wollen Sie, daß Ihre Kinder auch so leben wie Sie?

Die Familie ist der Ort, an dem sich zeigen kann, daß Gott Ihr Leben verändert hat. Kinder müssen erleben, daß der christliche Glaube nicht nur aus Worten besteht, sondern auch aus geistlichen Erfahrungen, die ganz praktische Auswirkungen mit sich bringen.

Ein unvergeßliches Zeugnis für Kinder ist ein Vater, der durch seine Beziehung zu Jesus Geschrei und Unbeherrschtheit ablegen und sich sogar bei seinen Kindern für seine Fehler entschuldigen kann. Daran sehen sie, daß der Glaube Wunder wirkt.

Gemeinsam Wunder erleben

Und diese Erlebnisse brauchen sie. Die Erfahrung zeigt, daß in Phasen des Zweifelns die Erinnerung an das wunderwirkende Eingreifen Gottes wieder zum Glauben zurückführen kann. Ihr Kind wird noch in einige Glaubenskrisen geraten. Also lernen Sie gemeinsam, auf Gott zu vertrauen. Erleben Sie Ihre eigenen Familienwunder. Beten Sie mit Ihren Kindern für die persönlichen Anliegen, ob es nun Schule, Arbeitsstelle, Gesundheit, Finanzen oder andere Nöte sind.

Wir haben in unserer Familie viele wertvolle Erfahrungen gemacht. Ein Erlebnis werden wir wohl niemals vergessen. Wir bekamen die Einladung, einige Wochen in Israel zu verbringen, verbunden mit dem Angebot, dort frei zu wohnen. Nur für den Flug sollten wir aufkommen. Da wir die sieben größten Kinder mitnehmen wollten, war selbst das für uns unerschwinglich.

So machten wir es zu einem Gebetsanliegen der ganzen Familie. Interessanterweise bekamen wir innere Ruhe und Gewißheit, daß diese Reise von Gott geplant war und er für die Mittel sorgen würde. Daraufhin bestellten wir die Flugtickets und waren gespannt, wie die Lösung aussehen würde. Es gab keinen Tag, an dem die Kinder nicht für das Geld beteten, schließlich wußten sie ja, daß der Urlaub am seidenen Faden hing.

Dann war ich zu einem Vortrag unterwegs. Als ich gerade gehen wollte, drückte mir jemand einen Lederbeutel in die Hand. „Das soll ich dir geben, ich weiß selbst nicht von wem." Ich zog den Beutel auf – und schnell wieder zu. Er war voll blauer Scheine. Schnell fuhr ich nach

Hause. Die Überraschung wollte ich meiner Familie nicht länger als nötig vorenthalten.

„Kinder, ich glaube, ich habe heute unsere Gebetsanhörung mitgebracht", begann ich, als wir im Wohnzimmer im Kreis beieinandersaßen. Dann zog ich den Beutel auf, und ein Berg von Hundertmarkscheinen häufte sich auf dem Boden.

Wir hatten alle Tränen in den Augen. Die Spannung der vergangenen Wochen löste sich, wir begannen spontan, den Herrn zu preisen.

Solche Erlebnisse werden nicht vergessen und erinnern daran, daß wir es mit einem lebendigen Gott zu tun haben, der an unserem Leben interessiert ist und sich um uns kümmert.

Persönliche Disziplin

Aus eigener Erfahrung weiß ich, wie viel dazwischenkommen kann, wenn man sich vornimmt, regelmäßig mit den Kindern Andacht zu halten und zu beten. Plötzlich spürt man: es geht nicht ohne persönliche Disziplin.

Zunächst muß die richtige Zeiteinteilung gefunden werden. Geht man selbst unregelmäßig nach Lust und Laune an die Sache heran, braucht man sich nicht zu wundern, wenn die Kinder genauso launisch reagieren.

Das zeigt sich schon beim sonntäglichen Gottesdienstbesuch. Zeigen Eltern eine unverbindliche Haltung und gehen sie, wenn ihnen danach zu Mute ist, werden die Kinder bald ihrem Beispiel folgen.

Der Sonntag ist der Tag des Herrn. Ich halte es für wichtig, regelmäßig zum Gottesdienst zu gehen und damit Gott die Ehre zu geben. Für Kinder sollte es ein ebenso selbstverständliches Verhaltensmuster sein, am Sonntag zum Gottesdienst zu gehen, so selbstverständlich, daß ihnen gar nichts anderes einfällt.

Dieses Verhalten können wir aber nur durch unser ermutigendes Vorbild erreichen. Ganz gleich, wie mir zumute ist, selbst wenn ich spät in der Nacht von einem Vortrag zurückkomme: am Sonntagmorgen stehe ich fröhlich auf, und wir gehen gern und gemeinsam zum Gottesdienst.

Natürlich kann jetzt der Einwand kommen: „In unserer Kirche ist nichts los, die Kinder langweiligen sich zu Tode. Das kann ich ihnen doch nicht zumuten."

Natürlich wird es die fehlerlose Gemeinde nirgendwo geben. Alle haben mehr oder weniger ihre Fehler und Schwachstellen. Geben Sie es auf, nach einer Idealgemeinde zu suchen. Manche haben mit diesem Vorwand ihr ganzes Leben in Unverbindlichkeit verbracht und zu spät bemerkt, wie gefährlich das Einzelgängertum ist.

Sie brauchen für ihre Familie eine Gemeinde, besonders auch um der Kinder willen. Je älter sie werden, um so mehr sind sie auf das Aufwachsen mit anderen Kindern in einer Gemeinde angewiesen.

Und wenn in Ihrer Kirche nicht alles so läuft, wie Sie es sich vorstellen, dann sorgen sie für eine Änderung. Unterstützen Sie die Mitarbeiter der Kindergruppen. Eltern halten deren Opfer manchmal für selbstverständlich. Da kommt selten ein Wort des Dankes oder der Ermutigung. Gibt es keine Kinderarbeit, bieten Sie Ihrem Pastor Ihre Mitarbeit an. Suchen Sie Gleichgesinnte in der Gemeinde, stellen Sie etwas auf die Beine. Kinderarbeit ist einer der wichtigsten Arbeitszweige in einer Gemeinde.

Geistliches Leben und Wachstum gehen nicht ohne einen verbindlichen Kreis von Christen. Viele, die meinten, es ginge auch anders, waren dann verwundert, wenn ihre Teenager dem Glauben den Rücken wandten und ihre Freunde in anderen Kreisen suchten.

„Lasset uns aufeinander achten, uns gegenseitig anzuspornen zur Liebe und zu guten Werken, indem wir unsere eigenen Versammlungen nicht verlassen, wie etliche zu tun pflegen, sondern einander ermahnen, und das um so viel mehr, als ihr den Tag herannahen seht" (Hebräer 10,24.25).

Wie kann nun das Gebot Gottes, die Kinder zu unterweisen und Gott zu ehren, im Alltag verwirklicht werden?

Da tauchen sofort organisatorische Fragen auf. Welche Tageszeit ist für die Andacht am besten? Ab welchem Alter sollte man beginnen? Wie geht man auf den Altersunterschied der Kinder ein? Was tun, wenn Unaufmerksamkeit und Lustlosigkeit vorherrschen?

Ich möchte zunächst einmal berichten, wie wir es schon seit Jahren handhaben:

Wir stehen rechtzeitig auf, um am Frühstückstisch für fünf bis zehn Minuten Zeit für eine Andacht zu haben. Diese halten wir mit den Schulkindern. Die Jüngeren schlafen noch oder krabbeln gerade aus den Betten. Auf die Art und den Inhalt einer Familienandacht gehe ich nachher noch ein. Aber am Morgen bete ich für meine Familie, und als ihr geistliches Haupt segne ich sie und stelle sie unter den Schutz Gottes. Den haben Kinder wirklich nötig bei dem, was sie mitunter erwartet.

Zu den anderen Mahlzeiten betet das Kind, das gerade Küchendienst hat. Das ist gut so: es lernt, Gott zu danken, egal wie ihm gerade zumute ist.

Am Abend nach dem Abendessen nehme ich meine Gitarre, oder ein Kind setzt sich an die kleine Orgel, und wir haben eine Anbetungszeit, in der wir Chorusse und vertonte Bibelverse singen. Diese verstehen selbst die kleinen Kinder. Danach haben wir eine Gebetsgemeinschaft, in der wir Gott danken und unsere Gebetsanliegen sagen. In einem kleinen Karteikasten haben wir Zettel mit Gebetsanliegen, die wir manchmal verteilen.

Der Abendabschluß findet nicht jeden Tag statt; wenn schönes Wetter ist, möchten die Kinder manchmal bis zum Schlafen draußen toben. Aber die Morgenandacht wird mit großer Beständigkeit durchgeführt. Darüber hinaus achten wir natürlich darauf, daß wir uns immer über Gott und die Welt unterhalten können. Wir schleusen viel gute christliche Literatur in unser Haus ein und sehen zu, daß in den Zimmern gute christliche Musik gehört wird.

Ist jemand zu jung?

Wann kann ich mit christlicher Unterweisung bei meinem Kind beginnen? So wird häufig gefragt.

Eigentlich schon im Mutterleib, indem Sie die Hände über den Bauch halten, das wachsende Leben segnen und von Herzen willkommen heißen. Ihr innerer Friede und die Loblieder, die sie auf den Lippen tragen, sind schon die erste Unterweisung, daß es einen liebenden Gott gibt.

Halten Sie das Baby erst einmal in den Armen, werden Sie es nicht ohne Lied und Gebet ins Bett bringen wollen. Bald kommen die ersten biblischen Bilderbücher dazu, und wenn es etwas vorgelesen haben will, werden sie häufig nach diesen Büchern oder nach einer Kinderbibel greifen.

Im Vorschulalter ist eine Andacht von drei bis fünf Minuten mit einem Bibelvers, einem Lied und einem kurzen Gebet wohl das richtige Maß. Zum Schlafengehen sollten sie immer ein auswendiggelerntes oder auch ein freies Gebet sprechen lassen.

Mit Beginn des Schulalters sollte spätestens ein gezieltes biblisches Training einsetzen. Jetzt kommen wertvolle Jahre, in denen Sie sich sehr viel Mühe geben sollten. In diesem Alter wollen Kinder alles mögliche von Ihnen wissen. Vor allen Dingen glauben sie Ihnen auch noch alles. Diese Chance dürfen Sie sich nicht entgehen lassen.

Mit Schulbeginn setzen auch die ersten Auseinandersetzungen ein. Ihr Kind wird vielleicht mit Erstaunen merken, daß es auch Menschen gibt, die nicht an Gott glauben und sich sogar über ihn lustig machen. Das muß erst einmal verdaut werden.

Die ersten Zweifel kommen auf. Ich denke an Ines, die, als sie nach einigen Schulwochen einmal nach Hause kam, fragte: „Papa, gibt es Gott wirklich?“ Offensichtlich war sie von der Meinung anderer verwirrt worden. Ich wuße, sie erwartete keinen theologischen Vortrag von mir, sondern wollte nur noch einmal mein Urteil hören. „Ja, Ines“, sagte ich, „ich weiß es genau! Es gibt Gott. Denk doch nur einmal, was wir schon alles mit Jesus erlebt haben.“ Und schon sprang sie wieder fröhlich davon. So groß ist das Vertrauen in dem Alter. Es reicht aus, wenn Papa es genau weiß und vorlebt.

Mit der beginnenden Pubertät kann sich diese vertrauensvolle Haltung ändern. Bei jedem Teenager kommt einmal die Zeit, wo die übernommenen Verhaltensweisen und Gedanken überdacht bzw. in Frage gestellt werden. Der Heranwachsende muß für sich unterscheiden lernen zwischen „übernommen“ und „selbst geglaubt“. Dies ist eine der wichtigsten Brücken von der Kindheit zum Erwachsenenalter.

Auch Kinderbekehrungen müssen in diesem Alter neu bestätigt werden. Wenn ein achtjähriges Kind in einer Freizeit sein Leben Jesus übergibt, so ist das Anlaß zu großer Freude in der Familie. Aber die erleichterten Eltern sollten sich keinen Illusionen hingeben: der Moment kommt noch, wo sich zeigen wird, ob das Kind auf dem einmal eingeschlagenen Weg bleiben will oder nicht. Im Teenageralter wird ein gläubiges Kind ganz massiv mit der „Welt“ konfrontiert und muß sich unabhängig von den Eltern entscheiden, welchen Weg es gehen will.

Diese Selbstfindung wird ihnen nicht gerade leichtgemacht. Es kann nervenaufreibend werden, als Eltern diesen Prozeß zu beobachten, ohne viel tun zu können – außer zu beten und ständige Gesprächsbereitschaft zu signalisieren!

Keine noch so gute Kindererziehung wird automatisch Christen produzieren. Es ist ihre alleinige, freiwillige

Entscheidung, auf die wir sie durch unser Vorbild und gute Unterweisung nur vorbereiten und hinführen können. Die Entscheidung müssen sie dann selbst treffen.

Werden Kinder älter, müssen Eltern ihnen mehr Freiheit in ihrer Glaubenshaltung geben. Aber sie dürfen auf eins vertrauen: ist das geistliche Training der Kinder gesund verlaufen, verfügen Teenager über eine innere Marschrichtung, an die sie sich halten können, auch wenn sie einmal ausbrechen sollten.

Selbst wenn Eltern Teenager nicht mehr so stark lenken, ist es trotzdem richtig, einen gewissen christlichen Maßstab zu Hause aufrechtzuerhalten. Und das gilt auch dann, wenn ein Jugendlicher eine ablehnende Haltung zeigt.

Ich würde zum Beispiel von einem rebellierenden Siebzehnjährigen erwarten, am Tisch das Gebet abzuwarten und die Andacht „über sich ergehen zu lassen". Mit folgenden Worten würde ich es begründen: „Mein Lieber, solange du bei uns bist, werden wir gemeinsam als Familie Gott dienen. Ich kann nicht kontrollieren, was du denkst. Das ist deine Sache. Aber ich habe dem Herrn versprochen, daß wir ihm in diesem Haus dienen. Und das schließt die Familienandacht mit ein."

Immer mal etwas anderes

Die Art einer Familienandacht ist in erster Linie vom Alter der Kinder abhängig. Bei kleinen Kindern bietet es sich an, Abschnitte aus der Kinderbibel vorzulesen oder zu erzählen oder ein Kinderandachtsbuch durchzugehen.

Können die Kinder schon lesen, sollte jedes eine eigene Bibel besitzen, in der es auch wichtige Verse unterstreichen kann.

Sie werden recht bald merken, daß von Zeit zu Zeit die Methode bei den Andachten gewechselt werden muß. Sonst schleichen sich zu schnell schläfrige Routine und Langeweile ein.

Mit folgenden, unterschiedlichen Stilen haben wir bei Schulkindern gute Erfahrungen gemacht:

– Bibelleseplan. Der Bibellesebund (73) gibt für die verschiedenen Altersgruppen vierteljährlich Bibellesehefte heraus mit dem Ziel, in einigen Jahren die wichtigsten Bücher der Bibel durchgearbeitet zu haben. Die Serie beginnt mit dem „Guten Start“ für Achtjährige. Mit Hilfe von Lückentexten, Kreuzworträtseln und des Quest-Clubs werden die Kinder angehalten, aktiv mitzuarbeiten. Wir haben mit diesen Heften sehr gute Erfahrungen gemacht.

– Losungen. Auch die Losungen der Herrenhuter Brüdergemeinde, die für jeden Tag einen Vers aus dem Alten und Neuen Testament auswählt, bieten eine gute Möglichkeit, täglich einen Bibeltext zu haben.

– Fortlaufend in der Bibel lesen. Zusätzlich zu einzelnen Versen oder biblischen Geschichten ist es nötig, auch fortlaufend in der Bibel zu lesen. Anfangen könnten Sie gut mit dem Markusevangelium, um dann mit der Apostelgeschichte fortzufahren. Danach wäre ein kurzer Brief angebracht, wie der an Timotheus oder an die Epheser.

– Den Kindergottesdienst oder die Predigt noch einmal durchsprechen. Greifen Sie am folgenden Tag noch einmal die Gedanken des Gottesdienstes auf. Dies ist eine gute Schulung, um Unklarheiten durchzusprechen, und ein Ansporn, am nächsten Sonntag besser aufzupassen. Haben die Kinder in der Kinderstunde einen Wochenspruch mitbekommen, sollten sie ihn unbedingt gemeinsam auswendiglernen.

– Die Kinder selbst eine freie Andacht halten lassen. Sind die Kinder erst einmal zehn Jahren alt, ist es ein Erlebnis, sie selbst von Zeit zu Zeit einen Bibelvers heraussuchen und eine eigene Andacht halten zu lassen. Für einige Monate lasse ich die Kinder einmal in der Woche an ihrem Küchendiensttag die Andacht halten. Sie machen es gern, und für die Eltern ist es interessant zu hören, mit welchen biblischen Fragen sie sich beschäftigen.

Einmal stießen wir auf den Vers in Sprüche 6,16, wo die Dinge beschrieben werden, die Gott haßt und die ihm ein Greuel sind. Die Kinder interessierte, ob es noch mehr Verse dazu gäbe. So leitete ich meine Tina an, anhand einer Konkordanz alle Stellen zu „Greuel" durchzugehen. Über Tage hielt sie uns eindrucksvolle Andachten über die Dinge, mit denen wir Gott bekümmern.

Wagt man, Andachten so zu gestalten, kann man auch lustige Erlebnisse machen. Unser Harald kramte eines Morgens einen äußerst schwer verständlichen Vers aus dem Alten Testament hervor. Ich fragte mich, was er wohl dazu sagen wollte und ermutigte ihn, etwas zu dem Text zu sagen. „Ooch", meinte er, „dieser Vers war in Mamas Bibel unterstrichen, da muß er doch wohl wichtig sein."

– Ein aktuelles Ereignis zum Anlaß nehmen. Gute Gelegenheiten sollten Sie sich nicht entgehen lassen. Anläßlich einer Heilung können Sie einen Dankpsalm durchgehen oder einen Bibelvers lesen, der uns göttliche Heilung verheißt. Genauso kann Geschwisterstreit oder Ungehorsam ein Grund sein, Gottes Gebote dazu zu lesen. Eine Hochzeit in der Verwandtschaft kann Grundlage sein für eine Andacht über die Berufung von Mann und Frau. Halten Sie die Augen auf! Es gibt viele Anlässe, die sie verwerten können.

– Freie Andacht der Eltern. Eine weitere wichtige Form ist die freie Andacht der Eltern zu einzelnen Lebensthemen. Ich habe immer einen Zettel in meiner Bibel liegen. Wenn ich beim persönlichen Bibelstudium, beim Lesen eines christlichen Buches oder beim Hören einer Predigt auf Bibelverse stoße, die in die Situation meiner Kinder sprechen, so notiere ich sie mir dort für eine freie Andacht mit ihnen.

Es ist enorm wichtig, daß Eltern nicht nur etwas vorlesen sondern auch situationsbezogene Andachten mit ihren Kindern machen. Immerhin kennen sie die aktuellen Probleme in ihrer Familie besser als jeder Schreiber eines Andachtsbuches.

Wenn Sie meinen, das könnten Sie nicht, beginnen Sie, regelmäßig Bibelstellen zu notieren. Und dann fangen Sie klein an. Vielleicht einmal in der Woche, am Samstag- oder Sonntagmorgen, wenn Sie alle ein wenig mehr Zeit haben. Aber lassen Sie sich diese Möglichkeit der persönlichen Unterweisung nicht entgehen.

Mit dieser kleinen Auswahl wollte ich Ihnen Anregungen geben für Ihre persönlichen Andachten. Sie sehen schon, es muß nicht langweilig werden, wenn man es versteht, den Stil von Zeit zu Zeit zu ändern. Kindern wie Eltern kann es Freude bereiten.

Lernen Sie auch viele Bibelstellen gemeinsam auswendig. Sie sind ein unermeßlicher Schatz. Scheuen Sie auch nicht vor Belohnungen als Motivation zurück. Allerdings halte ich es für notwendig, daß die Eltern genauso mitlernen.

Als einige Kinder einmal in der Familienrunde ihre erlernten Bibelverse aufsagten, baute sich der kleine Chris stolz vor uns auf und posaunte los: „Ich bin der Weg, die Wahrheit und das Leben, niemand kommt zum Vater ... niemand kommt zum Vater..." Er setzte sich wieder hin und verstand gar nicht, warum wir vor Lachen unter dem Tisch lagen.

Du sollst den Herrn, deinen Gott, lieben...

Wahllos biblische Geschichten erzählen oder vorlesen und irgendwelche Bibelverse lernen, reicht nicht aus. Eltern müssen sich genau Gedanken machen, was ihr Kind an biblischem Gedankengut wissen sollte und welche christlichen Verhaltensweisen eingeübt werden müssen. Nur so werden sie dem Anspruch eines geistlichen Trainings gerecht.

Biblische Geschichten sind wertvoll und wichtig. Es gibt Kinder, die können sie wie auf einem Tonband herunterschnurren. Manche beherrschen auch ein recht frommes Vokabular. Und trotzdem hat man den Eindruck, da fehlt noch etwas. Biblische Geschichten sind oftmals zu unverbindlich und zu märchenhaft.

Christliche Unterweisung muß die Alltagsprobleme der Kinder in Familie, Schule und unter Freunden erfassen und rechtzeitig unbiblische Lehren entlarven. Sehen Sie zu, daß Ihre Kinder das klare biblische Wort erst aus Ihrem Munde hören, bevor sie in die Hände liberaler Religionslehrer oder ungläubiger Freunde geraten.

Die ersten sieben Jahre

Denken Sie bitte nicht, die ersten Lebensjahre seien unwichtig. Auch wenn Kleinkinder die geistlichen Zusammenhänge noch nicht so verstandesgemäß erfassen können wie ein Schulkind, wird doch in diesem Alter die grundlegende Haltung gegenüber Gott und seinen Geboten gelegt.

James Dobson (74) empfiehlt für die ersten sieben Lebensjahre fünf biblische Themen. Bei allem, was Eltern an geistlichen Weisheiten weitergeben, sollten sie darauf achten, daß diese Punkte darin enthalten sind und vom Kind begriffen werden:

1. Thema: „Du sollst den Herrn, deinen Gott, lieben mit deinem ganzen Herzen" (Markus 12,30).

1. Lernt das Kind die Liebe Gottes kennen durch die Liebe, Sanftmut und Güte seiner Eltern (äußerst wichtig)?
2. Lernt es über Gott zu sprechen und ihn in seine Gedanken und Pläne einzubeziehen?
3. Lernt es, sich an Jesus um Hilfe zu wenden, wenn es sich verängstigt oder allein fühlt?
4. Lernt es, die Bibel zu lieben und zu lesen?

5. Lernt es die Bedeutung von Glauben und Vertrauen?
6. Lernt es die Freude einer christlichen Nachfolge kennen?
7. Lernt es die wunderbare Bedeutung der Geburt und des Todes Jesu?

2. Thema: „Du sollst deinen Nächsten lieben wie dich selbst" (Markus 12,31).
1. Lernt das Kind, die Gefühle anderer zu verstehen und zu berücksichtigen?
2. Lernt es, nicht selbstsüchtig und kommandierend zu sein?
3. Lernt es zu teilen?
4. Lernt es, nicht zu tratschen?
5. Lernt es, sich selbst anzunehmen?

3. Thema: „Lehre mich tun nach deinem Wohlgefallen; denn du bist mein Gott" (Psalm 143,10).
1. Lernt das Kind, seinen Eltern zu gehorchen als eine Vorbereitung für einen späteren Gehorsam Gott gegenüber (äußerst wichtig)?
2. Lernt es, sich in der Kirche – in Gottes Haus – ordentlich zu benehmen?
3. Lernt es eine ausgeglichene Wertschätzung für beide Aspekte der göttlichen Natur: für Gottes Liebe, aber auch seine Strenge?
4. Lernt es, daß es viele Formen von wohlwollender Autorität gibt, denen es sich unterordnen muß?
5. Lernt es die Bedeutung von Sünde und deren unvermeidlichen Konsequenzen?

4. Thema: „Fürchte Gott und halte seine Gebote; denn das soll jeder Mensch" (Prediger 12,13).
1. Lernt das Kind, wahrhaftig und aufrichtig zu sein?
2. Lernt es, den Sonntag zu heiligen?
3. Lernt es die Unbedeutsamkeit des Materialismus?

4. Lernt es die Bedeutsamkeit einer christlichen Familie und die Wichtigkeit des Zusammenhaltens?
5. Lernt es, der Stimme seines Gewissens zu folgen?

5. *Thema:* „Aber die Frucht des Geistes ist... Selbstbeherrschung" (Galater 5,22).
1. Lernt das Kind, einen Teil seines Besitzes Gott zu geben?
2. Lernt es, seine Impulse zu kontrollieren?
3. Lernt es, zu arbeiten und Verantwortung zu tragen?
4. Lernt es den Unterschied zwischen gesundem Wertgefühl und egoistischem Stolz?
5. Lernt es, sich in Ehrfurcht vor dem Gott des Universums zu beugen?

Diese Ziele können gewiß noch nicht in den ersten sieben Lebensjahren völlig erreicht werden. Wir sollten uns auch hüten, aus unreifen Kindern erwachsene Christen machen zu wollen. Christsein ist ein lebenslanger Wachstumsprozeß. Aber wenn man kein Ziel hat, weiß man auch nicht, in welche Richtung man steuern soll. So gibt diese Liste eine wertvolle Gedankenstütze für die Werte, die wir im Zusammenleben unbedingt vor Augen haben sollten.

Ehre Vater und Mutter...

Christliche Unterweisung muß unbedingt auch die Alltagsprobleme der Kinder erfassen.

Da ist zunächst das Familienleben mit all seinen Reibungspunkten: Gehorsam, Lügen, Stehlen, Unbeherrschtheit, Egoismus, nicht teilen wollen, nicht vergeben können, keine Korrektur annehmen wollen, eingeschnappt sein. Aber da sind auch Einsamkeit, Unterdrückung, Ungerechtigkeit und seelische Verletzung.

Der Bereich Schule und Freunde macht den Kindern genauso zu schaffen: der Gruppendruck, die Außenseiterrolle, Minderwertigkeit, Leistungsdruck, Angst, Faulheit, Ehrlichkeit.

Dies sind eine Menge an Stichworten, die mit biblischen Beispielen und mit Bibeltexten in den Familienandachten erarbeitet werden können. Eine Konkordanz und Ihre eigene Stellenliste in der Bibel werden Ihnen helfen, diese Themen von der Bibel her durchzuarbeiten. Sie geben damit ihren Kindern eine wertvolle Wegweisung.

Umhergetrieben von jedem Wind der Lehre...

Daß es einmal so kommt, wollen wir verhindern. Aber heranwachsende Kinder haben sich mit einer liberalen Theologie und mit antichristlichen Theorien herumzuschlagen. Denken Sie nur an das, was ich in dem Kapitel zum Religionsunterricht geschrieben habe.

Hier tut sich für Eltern und eine bibelgläubige Gemeinde ein weiter Themenkatalog auf:

- Die Bibel ist nicht Menschenwort, sondern Gottes Offenbarung an den Menschen: 2. Timotheus 3,16.
- Gott ist nicht eine bloße Idee oder sogar tot, sondern der Schöpfer des Lebens, vor dem jeder Mensch Rechenschaft ablegen muß: 2. Korinther 5,10.
- Jesus ist am Kreuz gestorben und auferstanden; er ist der einzige Weg zu Gott: Johannes 14,6.
- Der Mensch ist keine Weiterentwicklung aus primitiven biologischen Strukturen, sondern zum Bilde Gottes geschaffen: 1. Mose 1,26.
- Ehe und Familie sind von Gott eingesetzt; er haßt die Ehescheidung: 1. Mose 2,18; Maleachi 2,16.
- Sexualität gehört in den Schutzbereich der Ehe; alles andere ist Gott ein Greuel: 3. Mose 20.

Hoffnung schaffen

Diese Liste kann noch lange fortgesetzt werden. Angesicht der magischen Welle, der erschreckenden Zukunftsangst und Hoffnungslosigkeit der jungen Generation muß jungen Christen mit folgenden Themen immer wieder Mut gemacht werden:

- Du wirst deinen Weg rein gehen können und ein erfülltes Leben haben, wenn du Gott von ganzem Herzen suchst und dich an seine Gebote hältst: Psalm 119,9.
- Du bist wertvoll; Gott hat einen Plan für dein Leben, und er will dich leiten: Psalm 32,8.
- Es gibt nicht nur bedrohliche Mächte, die dir Angst machen wollen. Das Heer der dienstbaren Geister, die Engel Gottes, die uns zum Schutz und Dienst gegeben sind, ist wesentlicher größer: Hebräer 1,14; Psalm 91.
- Auch für dich gilt die Verheißung des Heiligen Geistes, mit dessen Beistand und Kraft du mehr als ein Überwinder sein kannst: Apostelgeschichte 1,8; Römer 8,37.

In 1. Korinther 14,8 lesen Sie: „Wenn die Posaune einen undeutlichen Ton gibt, wer wird sich zum Kampfe rüsten?“ Diesen Vers können Sie auf Ihren Erziehungsauftrag beziehen: Eltern müssen einen „klaren Ton“ von sich geben damit deutlich wird, was wahr und was Sünde ist. Sie dürfen sich nicht in eine falsche Toleranz oder Unverbindlichkeit flüchten. Wenn Sie einen „undeutlichen Ton“ von sich geben, wie sollen sich Ihre Kinder zum geistlichen Kampf in einer zunehmend antichristlichen Gesellschaft rüsten?

Sieg auf den Knien

Sind brave Kinder machbar?

Keine noch so gute Erziehung wird automatisch gute Kinder hervorbringen. Sie mögen viele Erziehungsbücher gelesen und Seminare besucht haben und alle pädagogischen und psychologischen Tricks beherrschen, auch das wird nicht garantieren, daß Ihre Kinder lebenstüchtige Menschen werden.

Die gängige Philosophie unserer Zeit sieht so aus: eine rundum günstige Kindheitsgeschichte wird logischerweise zu einer harmonischen, ausgeglichenen und lebenstüchtigen Persönlichkeit des Kindes führen. Christen fügen noch hinzu: und auch einen gläubigen Menschen schaffen.

Diese psychologische Gesetzmäßigkeit muß nicht zutreffen, wie Langzeituntersuchungen gezeigt haben. Die irrige Auffassung wird vielmehr von einer Philosophie gespeist, die meint, der Mensch sei nach Belieben formbar.

Der Mensch ist nicht machbar, weder durch einen psychologischen noch durch einen soziologischen Determinismus (Vorherbestimmung) – aber auch nicht durch eine biblische Kindererziehung! Das Verhalten von Kindern kann nicht ausschließlich von verhaltenstechnischen Maßnahmen geformt werden. Kinder sind keine Roboter!

Was Christen bezüglich der populären psychologischen Schulen mißtrauisch machen sollte, ist die Tatsache, daß die von Gott verliehene Würde und freie Entscheidungsfähigkeit kaum oder gar nicht berücksichtigt wird. Man geht von einem evolutionistischen Menschenbild aus und meint, der Mensch sei nach Belieben weiterzuentwikkeln.

Lasset uns Menschen machen

Ein besonders deutliches Beispiel ist die behavioristische Verhaltenstherapie nach Skinner. Sein Therapiemodell betrachtet den Menschen nicht als ein Ebenbild Gottes. An nahezu unzähligen Rattenversuchen hat er ein Reiz-Reaktions-Schema erarbeitet, mit dem er Verhaltensmuster formen und unerwünschte Charakterzüge ausrotten will. Er meint, der Mensch sei restlos machbar. Seine Bücher lesen sich demnach auch wie soziale und politische Allheilmittel.

Ohne viel Nachdenken haben Christen die Skinnersche Methode in der Kindererziehung übernommen. „Sie formen Verhaltensmuster, sie rotten unerwünschte Charakterzüge aus, sie stellen Bedingungen und verwerfen sie. Je genauer sie bestimmten Handbüchern über Kindererziehung folgen (christlichen und nichtchristlichen), um so mehr sind sie um das ‚Endprodukt' besorgt, ein ‚vorteilhaftes Endprodukt', das sich besser in das Familien- und Gemeindeleben und in die Gesellschaft im allgemeinen einpaßt.

Unwissentlich sind diese Eltern einem großen Irrtum verfallen. Sie haben Gnade und Barmherzigkeit außer Kraft gesetzt und dafür Prinzipien angenommen, die der Würde des Menschen sehr abträglich sind. Skinner gibt das offen zu. Man kann nicht jemandes Charakter und Verhalten formen, ohne die Person schließlich nur als Gegenstand zu achten. Damit begibt man sich jenseits der menschlichen Würde in eine Welt, wie sie von Skinner und anderen propagiert wird." (75)

Frühkindliches Fertigprodukt

Während der Behaviorismus mit einem soziologischen Determinismus das Schicksal eines Kindes festlegen will, versucht es die Tiefenpsychologie mit einem psychologischen Determinismus.

Bei fast allen Schulen der modernen Tiefenpsychologie findet man noch immer die Struktur der ursprünglichen „Traumatheorie" mit der Vorstellung einer „Psychomechanik". Die Entwicklung des Kindes wird mit einer „Stufentheorie" erläutert. Die ersten Erfahrungen sind dabei grundlegend und unveränderlich, während später hinzugefügte Stufen besser austauschbar bleiben.

Es wird ausdrücklich behauptet, daß die Wirkungen frühkindlicher Erfahrungen unverändert bestehenbleiben und nicht durch Gegenerfahrungen ausgelöscht werden können.

Der populäre Psychoanalytiker Rattner faßt die frühkindliche Entwicklung folgendermaßen zusammen: „In der Kindheit durchläuft der Mensch eine komplizierte seelische Entwicklung, die die Grundlagen zu seiner Charakter- und Persönlichkeitsbildung zutage fördert. Durch das ganze Leben hindurch bleiben in den ersten Jahren erworbene seelische Strukturen erhalten." (76)

Mit dieser Theorie wird ein hartes Urteil ausgesprochen, nämlich daß das Gefühlsleben und die innersten Antriebe eines Menschen in seiner frühesten Kindheit festgelegt werden. Diese seelischen Strukturen seien nicht veränderbar.

Zum Versagen verdammt?

Glaubt man diesen ursprünglich von Freud entwickelten Theorien, so ist man schnell dabei, bei einer kindlichen Fehlentwicklung den Eltern die Schuld zuzuweisen. Denn schließlich hat das Kind ja in der Familie die traumatischen Erfahrungen gemacht.

Dieser Schuldkomplex, das Kind müßte eigentlich fröhlich, umgänglich, intelligent und erfolgreich sein, wenn ich nicht irgendwo versagt hätte, hat schon manche Eltern in die Verzweiflung getrieben. Ich möchte nun nicht das Fehlverhalten von Eltern entschuldigen, Eltern machen eine Menge von Fehlern. Aber so einfach kann man es sich mit einer Schuldzuweisung nicht machen.

Eine zweite tragische Folgerung der „Traumatheorie" ist die Chancenlosigkeit, die sie milieugeschädigten Kindern zuweist. Die traumatischen Erfahrungen in der frühen Kindheit – hervorgerufen durch einen trinkenden Vater oder eine prostituierende Mutter, durch Scheidungsfolgen, seelische Verletzungen oder Kindesmißhandlung – verurteilen das Kind dazu, ein Versager zu bleiben. Diese frühkindlichen Schäden seien nicht wiedergutzumachen, liest man in tiefenpsychologisch orientierter Literatur.

Nun betrifft diese Aussage unsere Familie noch mehr als andere Eltern, denn wir haben sechs Kinder aufgenommen, auf die die eben genannten frühkindlichen traumatischen Erfahrungen zutreffen. Sollte ich ihre Lebensentwicklung mutlos mitverfolgen und mir sagen, daß da nicht mehr viel zu machen ist? Sollte ich sie vielleicht aufklären und ihnen mitteilen: aus euch wird nichts?

Wo wird bei dieser Theorie das Eingreifen Gottes berücksichtigt? Das Neuwerden eines Menschen nach der Lebensübergabe an Jesus wird geleugnet. „Darum, ist jemand in Christus, so ist er eine neue Kreatur; das Alte ist vergangen, siehe, ein Neues ist geworden" (2. Korinther 5,17).

Jedes Lebensjahr ist wichtig

Nur gut, daß die Bibel diese Zusammenhänge anders wertet und Langzeituntersuchungen der empirischen (d. h. auf der Beobachtung beruhenden) Psychologie dies bestätigen.

So wurde zum Beispiel die Entwicklung von 166 Personen vom Säuglingsalter bis zu ihrem 30. Lebensjahr mitverfolgt. Die Ergebnisse dieser Untersuchung waren aufsehenderregend und widersprachen der tiefenpsychologischen Traumatheorie:

– Die Wahrscheinlichkeit, daß aus einem überdurchschnittlich ängstlichen Kind von acht Jahren ein überdurchschnittlich ängstlicher Jugendlicher von vierzehn Jahren wird, ist nur wenig größer, als durch Zufall zu erwarten wäre.

– Mit erstaunlicher Häufigkeit gingen aus traumatischen Familienverhältnissen begabte, ausgeglichene und einfühlsame Erwachsene hervor.

– Andererseits wurden begabte, problemlose und glückliche Kinder zu unzufriedenen, neurotischen Erwachsenen, die sich und ihrer Umwelt zur Last fielen.

– Welche Erfahrungen schließlich das Handeln des Erwachsenen am meisten prägen würden, war im einzelnen unvorhersehbar. Als ein ausgesprochener Risikofaktor wurde lediglich der Verlust von geliebten Bezugspersonen im frühen Kindesalter genannt.

– Wie es sich gezeigt hat, konnte jedes Alter für die Charakterbildung des Erwachsenen entscheidend sein. (77)

Ähnliche Beobachtungen wurden bei Adoptiv- und Pflegekindern gemacht. Das ergab eine Studie, in der über hundert Adoptionsfälle sorgfältig untersucht wurden. (78) Es wurde herausgefunden, daß die adoptierten Kinder im großen und ganzen ebenso entwickelt waren wie die leiblichen Kinder.

Zu solch einer Entwicklung gehört natürlich ein jahrelanges intaktes Familienleben. Man muß wissen, daß bei allen angenommenen Kindern zunächst eine Übergangsphase entsteht, die an die neuen Eltern große Anforderungen stellt. Ein bereits hospitalisiertes oder sehr bindungsschwaches Kind zu einem normalen Sozialverhalten zu führen, das erfordert viel Liebe, ein großes Maß an Geduld und das richtige biblische Erziehungskonzept.

Der Psychologe Hemminger zieht aufgrund der empirischen Befunde folgenden Schluß: „Die frühe Milieutheorie der Tiefenpsychologie, die annimmt, daß das kindliche Milieu den erwachsenen Charakter wesentlich determiniert, wird durch die Beobachtung widerlegt. Es ist eindeutig nicht so, daß die Erlebnis- und Gefühlswelt des erwachsenen Menschen in der Regel in den ersten Lebensjahren auf lange Sicht geformt wird. Es ist auch nicht so, daß jede Belastung und jede schmerzliche Erfahrung die Lebenschancen des Menschen mindern." (79)

Eine Vorstellungshilfe

Die Persönlichkeitsentwicklung eines Menschen läßt sich also nicht aus einem simplen psychologischen oder soziologischen Determinismus erklären. Jegliche Mechanisierung der menschlichen Verhaltenssteuerung wird der gottgegebenen Würde des Menschen nicht gerecht.

„Der Mensch ist außerordentlich kompliziert, und sein Verhalten mag sehr wohl das komplizierteste Ding überhaupt sein, dem ein empirischer Wissenschaftler sich widmen kann." (80)

Wenn Aussagen zur menschlichen Verhaltenssteuerung gegeben werden, dann dürfen sie nur als Vorstellungshilfen eines komplizierten Vorgangs verstanden werden.

So besagen die Beobachtungen der empirischen Psychologie, daß sich das Verhalten des Menschen aus einem komplizierten Wechselspiel zwischen Erbanlagen, Umwelteinflüssen und den eigenen Entscheidungen zusammensetzt.

In gleicher Weise spricht die Bibel über den Menschen. Da sind einmal die genetischen Faktoren: der körperliche Zustand und auch die grundlegende Emotionalstruktur. Jedes Kind ist eine Gabe Gottes (Psalm 127,3). Als ein Original wird es in den Schoß der Mutter gelegt. Die Aufgabe der Eltern ist es, das Kind zu lieben und anzunehmen, so, wie es ihnen geschenkt worden ist.

Zur Persönlichkeitsentwicklung gehören aber auch die vielfältigen Milieueinflüsse, wie sie vom Elternhaus und aus der Umwelt kommen. Welche bedrohlichen Formen diese Außeneinflüsse annehmen können, habe ich in diesem Buch dargestellt. Deswegen betont die Bibel so unmißverständlich: „Trainiere dein Kind den Weg, den es gehen soll…“ (Sprüche 22,6). Eltern müssen im Kind biblische Verhaltensmuster und Gewohnheiten entwickeln und schulen.

Vorstellungshilfe zur Persönlichkeitsentwicklung

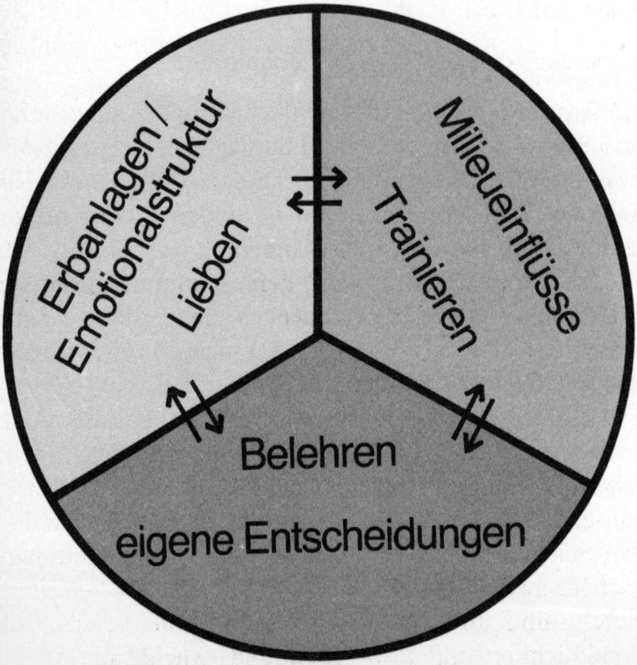

Das Verhalten der Menschen setzt sich aus einem komplizierten Wechselspiel zwischen **Erbanlagen, Umwelteinflüssen** und den **eigenen Entscheidungen** zusammen.

Aber dann ist da noch der Bereich der eigenen Entscheidungen, der freie Wille. Dieser Bereich wird von vielen modernen psychologischen Schulen nicht anerkannt. Der Mensch ist mit einem freien Willen ausgestattet. Er kann sich für Gott und seine Gebote oder auch dagegen entscheiden. „Wen dürstet, der komme; wer will, der nehme“ (Offenbarung 22,17). Eltern werden sich bemühen, durch ihr Vorbild und ihre Belehrung in dem Kind diesen Durst nach Gott zu wecken. Aber sie können ihm die Entscheidung nicht abnehmen. Wird es älter, wird es sich selbst entscheiden müssen, welchen Weg es gehen will.

Werkzeuge des Denkens und Handelns

Die Psychowelle mit den laienhaft zurechtgeschnittenen Erziehungsbüchern für Eltern hat viel Verwirrung gestiftet und Gefahren mit sich gebracht. Nur die Rückbesinnung auf biblische Aussagen wird den Eltern helfen, Klarheit in das Wirrwarr zu bringen.

Noch einmal: Kinder sind keine Computer, die sich programmieren lassen. Auch nach einer noch so guten christlichen Erziehung werden sie nicht automatisch Jesus nachfolgen.

Wichtiger als alle Techniken der Verhaltenslenkung ist eine intakte Familie mit herzlichen Beziehungen. Die ersten Lebensjahre sind sehr wichtig, lernt das Kind doch während dieser Zeit Geborgenheit, Liebe, Vertrauen, aber auch die ersten Verhaltensregeln und Gehorsam kennen. Aber es wäre falsch zu sagen, dies wären die wichtigsten Jahre. Jedes Alter ist entscheidend für das Persönlichkeitsbild des werdenden Erwachsenen.

In der frühen Kindheit legen wir also nicht die Tiefenstrukturen oder gar die Grundcharakteristika einer Persönlichkeit fest. Was Eltern allerdings ihren Kindern mitgeben, sind Werkzeuge des Denkens und des Handelns, mit denen der Jugendliche einmal sein Leben bauen wird.

Wie er diese Werkzeuge letztlich einsetzt, liegt nicht mehr in den Händen der Eltern. Er steht selbst in der Verantwortung vor Gott.

So lesen wir es auch in der Bibel: „Der Sohn soll nicht die Missetat des Vaters mittragen, und der Vater soll nicht die Missetat des Sohnes mittragen! Auf dem Gerechten sei seine Gerechtigkeit, und auf dem Gottlosen sei seine Gottlosigkeit" (Hesekiel 18,20).

Diese Wahrheit sollte alle geplagten Eltern entlasten, die meinen, für jedes Versagen ihres Kindes die Verantwortung tragen zu müssen. Allerdings laden Eltern eine schwere Schuld auf sich, wenn sie ihren Kindern schlechtes „Werkzeug" mitgeben. Möge dieses Buch Ihnen helfen, Ihren Kindern das beste Handwerkszeug in die Hände zu geben.

Ablösung und Selbstfindung

In einer funktionierenden christlichen Familie bekommen Kinder eine große Fülle an Unterweisung, Denkformen und Gewohnheiten. Diese üben einen erheblichen Einfluß auf die Lebensgestaltung des jungen Menschen aus, aber sie legen sein Leben nicht fest.

In der Pubertät und der Jugendzeit wird sich ein Teenager mit den von den Eltern erlernten Gewohnheiten und Denkweisen auseinandersetzen und sie mit Erfahrungen in seiner Umwelt vergleichen. Diese Auseinandersetzung bleibt niemandem erspart. Sie bewirkt die Reifung zu einer erwachsenen Person.

Eine eigene Persönlichkeit zu werden bedeutet also, die übernommenen Werte zu überprüfen, die unreflektierten Gewohnheiten zu überdenken, für sich selbst anzunehmen und zu gestalten. Dieser manchmal schmerzhafte Schritt ist auch dann nötig, wenn der Jugendliche letztlich mit dem übereinstimmt, was seine Eltern ihm während seiner Kindheit vermittelt haben.

Die Ablösung und Selbstfindung wird unseren Teenagern nicht gerade leichtgemacht. Es sieht aus, als entließen wir sie in eine Löwengrube, und wir bangen, ob sie da wohl wieder heil herauskommen. Sie brauchen gut geschliffene Werkzeuge, unsere Gebete und unseren Beistand, um diesen Test bestehen zu können.

Ein geistlicher Kampf

Es mag ernüchternd klingen, daß Sie nun doch nicht so viel Einfluß auf Ihr Kind ausüben können, wie Sie es sich vorgestellt haben. Je älter die Kinder werden, um so deutlicher spürt man es.

Gerade in den Teenagerjahren beweist sich, wie innig das Familienleben war, wie tief das Vertrauen gewachsen ist, wie stark eigene Verantwortung getragen werden kann und wie groß die Achtung voreinander ist, kurz gesagt, wie gut die Werkzeuge des Denkens und Handelns sind, die die Eltern ihnen in den Jahren der Kindheit mitgegeben haben.

Und trotzdem kann es geschehen, daß ein Teenager aus eigenem Entschluß oder durch schlechte Beeinflussung den christlichen Lebensstil nicht nachvollziehen will.

Einem rebellierenden achtzehnjährigen Kind können wir nicht mehr viel entgegensetzen. Wenn es will, kann es seinen eigenwilligen Weg durchsetzen. Wir werden es gehen lassen müssen, so wie der Vater den verlorenen Sohn laufen ließ (Lukas 15,11-32).

Der Entschluß einer Trennung muß sicherlich von allen Seiten beleuchtet werden. Aber Sie brauchen sich nicht schuldig zu fühlen, wenn Sie Ihr Kind ernten lassen, was es nach seinem eigenen Willen gesät hat.

Genauso handelt Gott letztlich auch mit uns. Er ermahnt uns, geht uns in Liebe nach, zeigt die Konsequenzen des Ungehorsams auf und läßt uns schließlich doch gehen und die Frucht unseres Ungehorsams kosten. Aber er breitet auch die Arme weit aus, wenn wir aus eigenem Entschluß zurückkommen wollen.

Ohne Gebet geht es nicht

Spätestens nach dem Lesen dieses letzten Kapitels sollte Eltern klar sein, daß Erziehungsarbeit auch Kniearbeit ist. Es ist ein geistlicher Kampf, der im Gebet auf den Knien durchgestanden werden muß.

Je mehr ich die familienzerstörenden Einflüssen kennenlerne und den antichristlichen Griff nach der Seele der Kinder verspüre, um so weniger gebe ich auf mein Können und suche das Gebet für meine Kinder.

„Seid nüchtern und wachet! Euer Widersacher, der Teufel, geht umher wie ein brüllender Löwe und sucht, wen er verschlingen könne; dem widersteht, fest im Glauben, da ihr wisset, daß eure Brüder in der Welt die gleichen Leiden erdulden“ (1. Petrus 5,8.9).

Eltern in der Endzeit müssen nicht nur kluge Eltern sein, sondern auch betende. Sie müssen ihre Kinder im vollmächtigen Gebet vor den Angriffen der finsteren, unsichtbaren Welt schützen und für Gottes Reich in Anspruch nehmen. Damit ebnen sie ihnen den Weg, eine eigene Entscheidung für ein Leben mit Jesus Christus zu treffen.

James Dobson ist ein hochgeachteter amerikanischer Kinderpsychologe. Seine Veröffentlichungen stehen auf der christlichen Bestsellerliste. Über Kindererziehung weiß er wirklich Bescheid. Am meisten beeindruckt mich an ihm sein schlichtes Bekenntnis, er bete und faste wöchentlich einen Tag für seine zwei Kinder. Dieser Mann hat wahrhaftig einen vollen Terminkalender. Aber er kennt die wahren Zusammenhänge.

Das habe ich mir genauso zu Herzen genommen, und ich will für meine Kinder regelmäßig beten und auch fasten. Diese geistliche Waffe, mit der wir unsere Kinder schützen und auf dem rechten Weg halten können, sollten wir nicht außer acht lassen.

Aber es geht nicht nur um das Gebet, sondern auch um den rechten Wandel der Eltern. Psalm 112 hat mir viel Mut gemacht. In Vers zwei steht: „Das Geschlecht der Redlichen wird gesegnet sein."

Den Juden des Alten Testamentes war sehr wohl bewußt, daß ihr eigener Lebenswandel Einfluß auf ihre Nachkommen ausübt. Von ihnen können wir lernen.

„Der Herr, der Herr, der starke Gott, der barmherzig und gnädig ist, langsam zum Zorn und von großer Gnade und Treue; welcher Tausenden Gnade bewahrt und Missetat, Übertretung und Sünde vergibt, aber keineswegs ungestraft läßt, sondern heimsucht der Väter Missetat an Kindern und Kindeskindern bis in das dritte und vierte Glied" (2. Mose 34,6.7).

Je älter ich werde, um so mehr lerne ich, meine heile Kindheit zu schätzen. Ich weiß, daß meine Vorfahren, bis drei Generationen zurück, überzeugte, hingebungsvolle Christen waren. Der Lebenswandel meiner Großeltern und meiner Eltern ist mir ein Vorbild gewesen, und ihre Gebete haben mein junges Leben begleitet.

Dadurch haben sie mich noch lange nicht zu einem Christen gemacht. Aber durch ihren geheiligten Wandel bin ich vor vielen schlimmen Erfahrungen und Fehlschritten bewahrt geblieben. Sie haben den Weg geebnet, so daß ich es leicht hatte, mein Leben genauso bedingungslos in die Hände Gottes zu geben. Meine Frau hat die gleiche gute Kindheit gehabt.

Diesen Segensstrom, der von Generation zu Generation weitergegeben wird, möchte ich nicht unterbrechen; den sollen meine Kinder als geistliches Startkapital für ihr Leben mitbekommen. Aber dazu gehören mein eigener gerechter und geheiligter Wandel und meine Gebete, wie ich es von meinen Eltern übernommen habe.

Nun mögen Sie sagen: So gut habe ich es nicht gehabt.

Ich bin ein Christ in erster Generation. Meine Eltern haben Gott abgelehnt und sogar okkulte Praktiken getrieben. Stehe ich nun unter ihrem Fluch?

Nein! Das Blut Jesu und das neue Leben als Christ machen Sie frei vom Einflußbereich ihrer Vorfahren. Für Sie gilt: „Ihr wisset ja, daß ihr nicht mit vergänglichen Dingen, mit Silber oder Gold, losgekauft worden seid von eurem eitlen, von den Vätern überlieferten Wandel, sondern mit dem kostbaren Blute Christi“ (1. Petrus 1,18.19).

Mit Ihnen beginnt eine neue Generation des Heils. Ihr gerechter Lebenswandel wird Segen für die nachkommenden Generationen freisetzen!

Sie wollen dem Wort Gottes gehorsam sein und so Ihren Teil erfüllen, so gut Sie es mit der Hilfe und Vergebung Gottes tun können. Nun liegt es an Ihren Kindern, wie sie damit umgehen.

Aber dann ist da noch ein sorgender Vater im Himmel, der alle pädagogischen und psychologischen Gesetzmäßigkeiten außer Kraft setzen kann, weil er eingreift, wo kein Mensch Hoffnung sehen kann. Die Voraussetzung dazu haben Ihr Glaube und Ihr Gebet geschaffen.

Anmerkungen

1 E. Mühlan, Ehe und Familie in der Zerreißprobe, Schulte + Gerth 1984
2 V. Packard, Verlust der Geborgenheit, S. 12, Scherz 1984
3 psychologie heute 5/84
4 s. Anm. 2, S. 32
5 s. Anm. 1, S. 142
6 idea – spectrum 41/83
7 s. Anm. 2, S. 136
8 s. Anm. 2, S. 161
9 s. Anm. 2, S. 148
10 s. Anm. 2. S. 162
11 G. Huntemann, Die Zerstörung der Person, S. 74 + 113, Hänssler 1981
12 Sexualethik und Seelsorge 1/85, Weißes Kreuz, Kassel
13 M. Horkheimer, Traditionelle und kritische Theorie, S. 217, Frankfurt 1981
14 s. Anm. 1
15 s. Anm. 2, S. 293
16 P. Beyerhaus, Ideologien, Herausforderung an den Glauben, S. 120, Telos Dokumentation 1979
17 I. Lück, Alarm um die Schule, S. 351, Hänssler 1980
18 s. Anm. 17, S. 341
19 Deutscher Bildungsrat, Strukturplan für das Bildungswesen, S. 40, Stuttgart 1972
20 Deutscher Bildungsrat, Empfehlung der Bildungskommission zur Einrichtung eines Modellprogramms für Curriculumentwicklung im Elementarbereich, S. A44, Stuttgart 1973
21 Der Bundesminister für Jugend, Familie und Gesundheit, Zweiter Familienbericht, S. 14, Bad Godesberg 1975
22 H.J. Gamm, Kritische Schule, S. 38, München 1981
23 J. Habermas u. D. Henrich, Zwei Reden, S. 68, Frankfurt 1974
24 s. Anm. 1, S. 119
25 s. Anm. 17, S. 377
26 s. Anm. 17, S. 383
27 s. Anm. 17, S. 384
28 s. Anm. 17, S. 404
29 s. Anm. 16, S. 110
30 J. Cochlovius, Strategien für eine bessere Welt, S. 16, Hänssler 1984
31 H. Günther u. R. Willeke, Was uns deutsche Schulbücher sagen, 1982, Forschungsstelle Jugend und Familie, Bonn
32 s. Anm. 16, S. 138
33 Chr. Reents, Erziehung zum kritischen Denken im Religionsunterricht, S. 20, Frankfurt/Düsseldorf 1973
34 Sprachprojekte 2, Lehrerband, S. 80, Braunschweig 1975
35 s. Anm. 17, S. 194
36 s. Anm. 22, S. 78
37 A. Heiner u. a., Soziale Kommunikation – zur Praxis des Deutschunterrichts, S. 78 f., Stuttgart 1976
38 s. Anm. 17, S. 305
39 Benedix/Knütter, Ihr Kind – morgen ein fanatischer Klassenkämpfer? S. 26 f., Eigenverlag 1977, Amsterdamer Str. 7, 5300 Bonn

40 Praline, Nr. 14/1977
41 s. Anm. 16, S. 138
44 T. Kögler, Anthroposophie und Waldorfpädagogik, S. 57, Hänssler 1983
45 G. Meskemper, Falsche Propheten unter Dichtern und Denkern, S. 22, Telos Paperback 1983
46 J. Dobson, Minderwertigkeitsgefühle – eine Epidemie, S. 79, Edition Trobisch 1983
47 s. Anm. 12, 1/84
48 s. Anm. 12, 1/84
49 H. Retter, Antifernseh-Fibel, S. 21, Wenos Verlag GmbH, Bamberg, 1981
50 s. Anm. 49, S. 51
51 H. W. Aichburg, Fernsehen, S. 62, Hänssler 1983
52 s. Anm. 51, S. 36
53 s. Anm. 2, S. 97
54 s. Anm. 2, S. 101
55 s. Anm. 2, S. 102
56 s. Anm. 2. S. 103
57 W. Nitsche, Magie im modernen Kleid, S. 9 + 12, Schwengeler 1984
58 J. Rockwell, Trommelfeuer, Rocktexte und ihre Wirkungen, S. 13, Schulte + Gerth 1983
59 s. Anm. 2, S. 104
60 s. Anm. 58, S. 19
61 s. Anm. 58, S. 115
62 s. Anm. 58, S. 58
63 ethos, 11/84
64 s. Anm. 63, 12/84
65 H. Schoeck, Schülermanipulation, S. 148, Herderbücherei 1978
66 s. Anm. 11, S. 25 + 29
67 D. Rost, Unserm Kind zuliebe – Geschlechtserziehung von Anfang an, Weißes Kreuz 1982
68 s. Anm. 67, S. 107
69 s. Anm. 67, S. 113
70 s. Anm. 67, S. 119
71 Du und ich und unser kleines Baby, Brunnen 1981
72 R. Ortner, Wenn du größer wirst... – Vom Unterschied, ein Junge oder ein Mädchen zu sein, Weißes Kreuz 1984
73 Bibellesebund, Postfach 1129, 5277 Marienheide 1
74 J. Dobson, Dr. Dobson answers your questions, S. 45, Kingsway Publications
75 J. White, Eltern kontra Kinder, S. 21, Telos 1984
76 H. Hemminger, Kindheit als Schicksal? S. 20, Rowohlt 1982
77 s. Anm. 76, S. 84ff.
78 s. Anm. 76, S. 101
79 s. Anm. 76, S. 90
80 s. Anm. 76, S. 165